KB001016

이런 건 누구에게 물어보나요?

이런 건 누구에게 물어보나요?

지은이 이준범 외 21인(쿠키뉴스 이생안망팀 기자들)
펴낸이 임상진
펴낸곳 (주)넥서스

초판 1쇄 발행 2022년 11월 4일
초판 2쇄 발행 2022년 11월 10일

출판신고 1992년 4월 3일 제311-2002-2호
주소 10880 경기도 파주시 지목로 5 (신촌동)
전화 (02)330-5500 팩스 (02)330-5555

ISBN 979-11-6683-397-7 03190

가격은 뒤표지에 있습니다.
잘못 만들어진 책은 구입처에서 바꾸어 드립니다.

www.nexusbook.com

이런 건 누구에게 물어보나요?

아무도 알려 주지 않는
사회초년생 꿀팁 48

이준범 외 21인
(쿠키뉴스 이생안망팀 기자들) 지음

넥서스BIZ

차례

1부 회사 어디에도 물어볼 사람이 없어
; 회사에서 시작하는 첫 사회생활 꿀팁

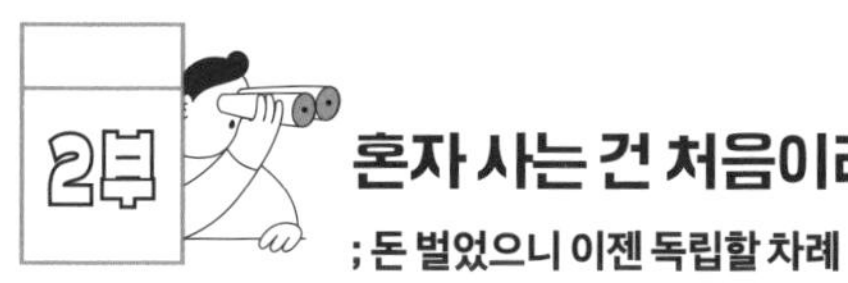

2부 혼자 사는 건 처음이라
; 돈 벌었으니 이젠 독립할 차례

세상엔 재밌는 게 너무 많아
; 독립했으니 이젠 즐길 시간

예고 없이 찾아오는 어려움
; 현명하고 빠르게 극복하기

쉽게 무너지지 않아
; 미래를 대비하는 방법

프롤로그

"누가 저한테 MZ세대라고 하면 욕처럼 들려요."

_MZ세대, 당신은 대체 누구

올해 입사한 신입 기자가 말했다. 자기는 MZ세대가 아닌 것 같다고도 했다. 출생 연도로 따지면 MZ세대가 분명한 생명체가 무슨 얘길 하는 거지 싶었다. 영문을 모르겠다는 표정을 읽었는지 그는 부연 설명했다. 자기 말이나 행동, 태도를 비판하고 싶을 때 은근히 MZ세대라고 돌려 말하는 것 같다고 했다. 신입 기자의 대답에서, 이미 그런 얄팍한 수법을 파악했으니 더 이상 속지 않겠다는 의지마저 느껴졌다.

듣고 보니 그럴듯했다. 어느 순간부터 MZ세대라는 말을 들으면 부정적인 뉘앙스가 먼저 떠올랐다. '요즘 애들은 끈기가 없어'라고 말할 때의 요즘 애들이 지금은 MZ세대가 된 셈이다. 자기가 가장 중요한 이기적인 이미지, 시키는 일만 하는 수동적인 이미지도 있는 것 같다. 문득 궁금해졌다. 나와 뭔가 다르긴 한데 정확히 뭐가 어떻게 다른지 설명하기 어려운 세대. 대체 MZ세대는 어떤 존재일까?

2021년 9월 중앙일보는 디지털 인터렉티브 서비스 '초간단 세대성향 판별기'를 공개했다. 이 판별기는 중앙일보와 여론조사업체 엠브레인퍼블릭이 약 2천여 명을 대상으로 3일 동안 진행한 인식조사를 바탕으로 만든 테스트로, 남북통일이나 여성가족부 폐지 등에 대한 질문들로 구성되어 있다. 질문을 읽고 '매우 찬성'부터 '매우 반대'까지 네 가지 답안 중 자기 생각과 가장 가까운 답을 고르는 방식이다. 점수가 높으면 MZ세대, 낮으면 X세대에 더 가까운 세대 인식을 지녔다고 알려준다.

하지만 이 테스트에는 커다란 오류가 있다. MZ세대가 모두 같은 생각과 성향, 의견을 공유하고 있을 거라는 전제에서 출발했기 때문이다. 많은 인원이 선택한 답안이 곧 그 세대 전체를 대표하는 정답이 되었다. 상대적으로 소수에 속하는 MZ세대의 존재를 지우는 방식이다. 다양성은 사라졌다. MZ세대의 특징을 이분법으로 손쉽게 특정해 마치 1명의 사람처럼 탄생시켰다. MZ세대도 MZ세대가 아니게 하는 마법이다.

물론 세대를 구분하는 시도는 이전에도 있었다. 각 세대가 태어난 당시 상황과 성장하며 지나온 시대적 배경이 해당 세대의 특징을 만든다는 가설에서 세대론이 탄생했다. 우리나라에서는 1950년생부터 1964년생까지 베이비붐세대고, 1965년생부터 1979년생까지 X세대다. 1980년생부터 1994년생까지는 M세대, 1995년생부터 2004년생까지는 Z세대로 본다. 각 세대가 처음 겪은 경제 발전과 디지털 기기의 활성화 등이 해당 세대를 대표하는 이미지로 받아들여진다. MZ세대는 M세대와 Z세대를 묶어 모바일 등 디지털 환경에 익숙하고 최신 트렌드에 민감한 세대로 인식된다.

출생 연도를 기준으로 한 세대 구분이 각 세대의 특징을 알기 쉽게 하고 서로 간 동질감을 높인다는 의견도 있다. 동시에 세대 구분이 세대 간 갈등을 일으킬 뿐, 실제로 무의미한 담론이란 분석 역시 존재한다. 비슷한 시기에 태어난 수많은 사람이 같은 특성을 지닌다는 가설을 입증하기 어렵고, 세대 간 경계도 모호하다는 의미다.

어쩌면 MZ세대를 둘러싼 담론에서 다수에 속하지 못한 이들이 소외된 감정을 느끼고 MZ세대이길 거부하기에 이른 것 아닐까. 그렇게 MZ세대 없는 MZ세대가 탄생한 건 아닐까.

"이렇게 된 이상 우리(MZ세대)가 쓴다."
_이 책은 어떻게 시작됐나

2020년 여름, 쿠키뉴스의 젊은 기자들이 매주 홍대 스터디카페에서 만났다. 미션은 간단했다. MZ세대가 읽을 만한 기사를 만드는 것. "MZ세대는 MZ세대가 잘 알겠지, 허허."라고 한 건 아니지만, 자연스럽게 사내 MZ세대 기자를 주축으로 TF(태스크포스)가 꾸려졌다. MZ세대가 읽을 만한 기사를 어떻게 만들어야 할지 맨땅에 헤딩하는 시간이 이어졌다. 매번 회의에 참여하는 멤버가 바뀌었고 이야기 주제가 달라졌다. 막막함을 토로하며 시작한 회의는 절망과 분노를 거쳐 체념의 감정을 공유하기에 이르렀다. 결국 모든 걸 받아들일 준비를 마친 후에야 하나둘 아이디어를 이야기하기 시작했다.

그렇게 탄생한 기사가 바로 「이생안망」이다. 이번 생은 망했다고 자조하는 줄임말 '이생망'을 비틀어 '이번 생 아직 안 망했다'고 외치는 기획 기사다. 분명 이미 망한 것 같지만, 더 망하지 않게 하려면 무엇이 필요한지 기자들이 직접 취재해 알려 주자는 취지로 기획했다. 독자가 처음 겪는 낯선 상황에서 눈치만 보며 뚝딱거리지 않게 도와주는 기사를 쓰기로 했다. 태어날 때부터 당연히 알 만한, 아주 기본적인 상식이라 어디 물어보기도 눈치 보이는 궁금증을 아무도 모르게 슬쩍 풀어 주고자 했다. 어렵고 위급한 상황에서 꺼내 읽을 비상용 복주머니 같은 비법을 담고자 했다. 당장 기사를 쓰는 기자들도 언젠가 필요할지 모르는 꿀팁과 각종 정보를 서로 공유하고자 했다. 꼭 필요한 순간이 오면 언제든 검색해서 찾아 읽는 데이터베이스처럼 하나의 코너명 아래 모아 두기로 했다. 이런 걸 기사로 써도 괜찮은지 스스로 의심이 드는 가벼운 이야기를 그 어느 기사보다 깊고 세심하게 취재해서 충실히 작성하려 했다.

처음부터 끝까지 쿠키뉴스 사내 젊은 기자들이 만들었다. 타깃 독자부터 전체적인 기사 톤과 다룰 만한 주제에 대해 고민했다. 독자에게 더 친근하게 다가가는 방법과 같은 내용도 더 재밌게 읽을 수 있고, 취재한 정보를 효율적으로 전달하는 기사 형식을 고민했다. 한 번 보면 클릭하지 않고는 버틸 수 없는 제목을 지으려 했다. 자체 제작한 것이 분명하다고 느낄 만한 이미지를 직접 만들려 했다. 기사를 끝까지 정독할 시간과 마음의 여유가 부족한 요즘 독자를 위해 적절한 분량으로 쓰려

했다. 사내 MZ세대 기자가 많이 참여하도록 유도하는 방법을 쥐어짜냈고, 각자 다른 문체와 완성도를 최대한 통일하고자 했다. 일주일 중 어느 요일에 출고하는 게 독자 눈길을 끌지 고심했고, 기사 작성 과정에서 오가는 피드백을 언제 어떤 방식으로 전달하는 게 가장 효과적일지 의견을 나눴다. 할 수 있는 고민을 긁어모아 준비하고 또 준비했다.

"나도 잘 모르는 걸 어떻게 써요."

_이 책에 숨겨진 피 땀 눈물

「이생안망」 기사는 영화 제작 과정을 벤치마킹해 사전 준비 단계인 프리 프로덕션과 본 촬영, 후반 작업 단계인 포스트 프로덕션 과정으로 이어지도록 했다. 먼저 한 편의 기사가 출고되기까지 2주의 시간을 잡았다. 기사 출고 날짜를 정하고 기자끼리 순번을 정했다. 기사 출고일 2주 전에 아이템 회의를 진행했다. 정해진 아이템으로 1차 기사 작성을 마치면, 피드백 회의와 디자인 회의가 찾아왔다. 총 3번의 회의가 맞물리며 매주 쉬지 않고 진행됐다.

아이템 회의는 기사를 작성할 차례인 기자가 생각한 몇 가지 주제를 이야기하는 것으로 시작했다. 발제자의 아이템을 들은 4~5명의 기자가 각자 의견을 나눴다. 가장 마음에 드는 아이템을 이야기할 때도 있었고, 힘들어도 꼭 취재하고 싶은 아이템을 강하게 밀 때도 있었다. 때론 자신이 경험했거나 지인에게 들은 이야기를 꺼냈고, 책이나 유튜브에서 본 이야기를 전하기도 했다. 과거 취재한 취재원 콘택트 포인트를 공유하거나, 불현듯 떠오른 적절한 취재 방법과 취재 주의 사항을 서로 알려 주는 일도 있었다. 당사자는 회의에서 나오는 이야기를 지켜보며 발제한 아이디어를 되돌아보고, 기사를 읽을 독자 반응을 미리 가늠해 봤다. 확신이 들면 작성할 아이템과 기사 방향을 확정했다.

해당 기자는 시간을 들여 기사에 쓸 내용을 취재했다. 초고 작성을 마치면 후반 작업에 들어갈 차례였다. 초고를 미리 읽은 기자들이 다시 피드백 회의를 열어 각자 기사를 읽고 느낀 감상을 나눴다. 어떻게 하면 독자에게 더 가깝게 다가갈지, 어떻게 하면 더 재미있어질지, 문체나 형식을 어떻게 바꾸면 더 좋아질지, 기사 구성이나 순서를 바꾸는 게 더 나을지를 이야기했다.

피드백 회의가 끝나면 기사에 들어갈 이미지를 구상하는 디자인 회의가 열렸다. 각자 기사를 읽고 머릿속에 떠올린 이미지와 아이디어를 공유했고, 실현 가능한 이미지인지, 어떤 느낌과 구성이 더 좋을지 사내 디자이너들과 의견을 교환했다. 회의 후 발제자가 피드백을 떠올리며 기사 수정을 마치면, 최종 검토 과정을 거쳐 기사를 세상에 내보냈다. 기사가 나가면 곧바로 다음 기사를 위한 회의를 처음부터 다시 시작했다. 거듭되는 회의에 회의가 찾아오는 건 억지로 떨쳐 냈다.

정치, 경제, 사회, 문화, 스포츠 등 다양한 부서 기자들이 참여했다. 아직 대학생인 인턴기자부터 10년 차 이상 경력기자까지 연령도 연차도 다양했다. 매주 발제자의 관심사와 성향이 달랐고, 회의에 참석하는 인원에 따라 분위기와 주제가 달랐다. 누군가는 오랜 기간 담당한 전문 분야 이야기를 풀어냈고, 누군가는 스스로도 잘 모르는 미지의 영역에 발을 들였다. 많은 이가 궁금해할 흥미로운 내용에 도전한 기자도 있었고, 한 번도 본 적 없는 새로운 형식을 시도한 기자도 있었다. 매 순간 기자들이 생각하고 궁금해하고 고민한 것을 담으려 했다.

잘 모르는 내용을 취재하기 위해 할 수 있는 방법을 총동원했다. 흔히 다루는 주제가 아니라 참고할 만한 자료나 데이터가 없는 경우가 많았다. 해당 분야 전문가가 있는 곳에 직접 찾아가 인터뷰하고, 사실관계를 확인하기 위해 각종 회사와 기관에 전화했다. 가족과 친구, 지인, 동료들을 찾아다니며 도움이 될 만한 이야깃거리를 찾고 불특정 다수에게 설문지를 돌리기도 했다. 취재할 방법이 정말 그것뿐인지, 지금 하는 게 최선인지 끊임없이 질문했다. 취재 노동의 고단함을 이해하는 동료 기자들은 서로 작은 도움이라도 주기 위해 애썼다.

"그냥 유튜브 보면 안 되냐고?"
_이 책엔 무엇이 담겼나

과거는 전문가의 시대였다. 기자는 각 분야 스페셜리스트가 되어 전문가 이야기를 자기 언어로 실어 날랐다. 중요한 정보는 신문에서 읽을 수 있었다. 오랜 기간 정치부에 몸담은 기자의 칼럼에 귀 기울였고, 경제 전문가의 시장 전망에 밑줄을 쳤다. 사회부 기자가 적은 문장에서 시대 분위기를 읽었고, 문화부 기자가 써 내려간 영화 비평을 읽고 어떤 영화를 볼지 골랐다. 언론에서 전하는 이야기가 틀리지 않는다는 게 기본 전제였다. 방송이나 신문에 나온 이야기는 믿을 수 있었다.

하지만 지금은 다르다. 독자는 기사가 전하는 팩트가 맞는지, 다른 의도가 있는 건 아닌지 의심한다. 신문이나 뉴스를 보지 않아도 세상이 어떻게 돌아가는지 알 수 있는 채널이 넘쳐난다. 기자의 의견과 시민 1명의 의견은 그 무게가 크게 다르지 않다. 제대로 취재하지 않고 쓴 기사는 거센 비난에 시달린다. 한 번도 종이 신문을 읽어 보지 않은 입사 지원자가 종이 신문을 만드는 언론사 신입 기자가 되기도 한다. 영화 비평을 읽고 주말에 볼 영화를 고르는 독자는 모습을 감췄다. 언론은 더 이상 독자 위에 존재하지 않는다. 오히려 독자의 선택을 받기 위해 수단과 방법을 가리지 말아야 하는 상황이다.

「이생안망」을 쓴 기자 모두, 절대 독자에게 무언가 가르치듯이 쓰지 말자고 다짐했다. 대신 독자 곁으로 다가가 말을 걸자고 되뇌었다. 누군가 옆에서 어떻게 하면 좋은지 친절하게 안내하는 느낌을 주려고 했다. 옆자리 친구 혹은 옆집 동년배 이웃이 되어 유용하고 흥미로운 정보를 공유하려고 애썼다. 내게 도움 되는 이야기가 타인에게도 도움이 되게끔 하려 했다. 서로 닿을 접점을 억지로 늘리는 대신, 언젠가 닿을 수 있도록 하려 했다.

이 이야기가 더 많은 독자에게 닿을 통로를 하나 더 만드는 것. 2020년 9월부터 2022년 1월까지 1년 5개월 동안 70여 개의 기사를 작성한 데 그치지 않고 이 책을 쓴 이유다. 어설프게 MZ세대를 분석하거나 MZ세대가 요즘 무슨 생각을 하는지 전달할 생각은 없다. 세대에 대한 그릇된 인식을 심어 주거나 세대 갈등을 유발하는 데 일조할 생각 역시 없다. 대신 MZ세대에게 꼭 필요한 이야기를 전하려고 한다. 위기에 빠진 MZ세대를 구원할 수 있는 건, 나아가 더 나은 삶으로 이끌 수 있는 건 MZ세대밖에 없다는 생각에서다.

MZ세대에 대해 더 알고 싶거나 분석하고 싶다면, 식사 자리에서 MZ세대에 대해 한마디 더 보탤 소재를 찾고 싶다면, 이 책은 별 도움이 되지 않을 가능성이 크다는 걸 미리 전한다.

지금 스스로 도움이 필요한 상태인지 아닌지조차 구분하기 힘든 위기에 처한 누군가, 아무 도움 안 되는 잔소리와 조언을 거부하는 누군가에게 이 책을 권한다. 왜 아무도 알려 주지 않은 일 때문에 혼나야 하는지 이해할 수 없는 누군가, 처음 겪는 일을 어떻게든 혼자 힘으로 해결하고 싶은 누군가에게도 추천하고 싶다. 블로그나 유튜브를 아무리 뒤져도 원하는 내용을 찾지 못한 누군가, 수많은 정보의 바다에서 원하는 내용만 쏙 뽑아내기 어려운 누군가에게도 이 책이 닿길 바란다.

이 책에 담긴 내용 중에는 독자가 이미 알고 있는 이야기도, 한 번도 듣지 못한 이야기도 있을 것이다. 개인이 지금까지 살아온 세상과 살아갈 세상은 가지각색이다. 누군가가 한 경험이 다른 사람에겐 없을 수 있고, 이 경험이 있어도 저 경험은 없을 수 있다. 직장 생활을 하며 알게 된 정보 중에서 잘 안다고 믿었지만 그렇지 않았던 디테일을 발견할 수도, 다음에 비슷한 일이 생기면 써먹어야겠다고 메모할 만한 내용을 만날 수도 있다.

이 책에는 누구라도 알아 두면 좋을 내용이 담겼다. 당장 도움이 필요한 내용이 있다면 그 부분부터 읽어 봐도 좋고, 순서대로 차근차근 읽으며 자기 삶과 생활을 단단하게 만들어 보는 것도 좋을 것이다.

아직 낯선 사회생활에 자주 허둥대고 당황할 누군가에게 전한다. 이 책을 쓴 기자들도, 이 책이 필요한 누군가 중 하나였다.

1부

회사 어디에도 물어볼 사람이 없어

회사에서 시작하는 첫 사회생활 꿀팁

1년 7개월. 2022년 5월 통계청이 발표한 15~29세 청년층의 첫 직장 평균 근속 기간이다. 취업에 성공한 약 411만 7천 명의 청년 중 첫 직장을 그만둔 이들이 65.6%라고 한다. 쉽게 취업해서 쉽게 그만둔 게 아니다. 첫 취업까지 걸리는 평균 기간은 10.8개월로 지난해보다 0.7개월 늘었다. 대부분 근로 조건에 불만을 느껴 퇴사를 결심했다고 하는데, 뭔가 이상하다. 대체 회사는 어떤 곳이기에 10년 이상 초중고등학교와 대학교를 버틴 이들이 2년도 못 버티고 그만두는 걸까. 신입 사원이 퇴사하게끔 직장인 모두 한마음으로 저주라도 하는 걸까.

입사 첫날부터 마주하는 직장 생활은 생각한 것과는 다를 것이다. 가까이에서 보면 드디어 사회에 첫발을 내디딘 의미 있는 순간이겠지만, 멀리서 보면 아무것도 모르는 어린 양이 사회에 내던져졌다고 볼 수 있다. 안타깝게도 학교에서 배운 건 실제 직장 생활에서 별 의미가 없을 가능성이 크다. 지금까지 모르던 새로운 규칙이 존재하는 낯선 세계에 들어가는 셈이다.

PART1에선 누구나 직장에서 겪을 수 있는 이야기를 다룬다. 회사에선 어디서부터 어디까지 혼자 알아서 해야 하는지, 누구에게 어떤 방식으로 물어봐야 하는지 도무지 알기 어렵다. 부서장이나 선배 직장인이 신입 사원 옆에 붙어서 하나씩 모든 걸 매번 알려 주지도 않고, 그럴 수도 없기 때문이다. 각 회사마다 존재하는 매뉴얼과 사규를 찾아 읽으면 유용하겠지만, 그 또한 완벽하지 않다. 입사 전 근로계약서를 작성하는 방법부터 명함을 주고받을 때의 예절, 시말서 잘 쓰는 방법을 알려 주진 않으니까. 경력 많은 직장인이라 해도 처음 경험하는 일은 낯설고 어렵다.

PART1을 바탕으로 첫 사회생활 꿀팁들을 익혀 보자. 바쁜 동료와 상사의 눈치를 봐 가며 도움 청할 필요 없이 혼자 해결할 수 있는 가능성이 높아질 것이다. 어디에서 찾아봐야 하는지 검색하기도 난감한 일을 풀어갈 실마리를 찾을 수 있을 것이다. 눈치 없다, 바쁜데 알아서 좀 하라는 말을 듣지 않는 평화로운 하루를 선물받을 수도 있을 것이다. 센스 있는 신입 사원, 함께 일하고 싶은 신입 사원이란 좋은 이미지를 얻는 계기가 될 수도 있다.

이상한 근로계약서에 올바르게 대처하려면

서류 전형과 면접을 거쳐 취직에 성공한 김고민 씨. 악착같이 챙긴 학점과 자격증 그리고 각종 스터디까지, 그동안 했던 노력이 파노라마처럼 머리를 스친다. 흥을 깨서 미안하지만 고민 씨에겐 지금부터가 진짜 긴장해야 할 때다. 취직보다 힘든 게 좋은 회사를 만나는 일이기 때문. 웃는 얼굴로 뒤통수를 치는 빌런 회사가 곳곳에 숨어 있다.

세상엔 '우린 진짜 가족'이라며 월급을 제대로 주지 않는 가족 코스프레 회사도, 저녁 식사를 제공한다고 자랑하며 매일 밤 11시까지 야근을 강요하는 이중인격 회사도 있다. 근무일을 착각했는지 휴일에도 당연하게 일을 시키는 기억상실 회사 역시 종종 출몰한다.

근로계약서는 위험한 세상에서 보호해 줄 중요한 아이템이다. 근로계약서를 작성하는 일부터 회사 생활의 기쁨과 슬픔이 엇갈린다. 게임을 클리어하듯 차근차근 근로계약서 스테이지를 격파해 보자.

1. 근로계약서 안 써도 괜찮아?

두근두근. 취직에 성공한 김고민 씨! 하지만 첫 출근 날에 근로계약서는 구경도 못 했다. "근로계약서는 언제 작성하나요? 면접에서 들은 대로 월급 주시는 거 맞나요?"라고 묻고 싶지만 첫날부터 그래도 괜찮은지 고민하는 고민 많은 김고민 씨. 어렵게 "근로계약……"이란 말을 꺼내자마자 사업주는 "아니, 그거 꼭 작성해야 하나?"라고 반문한다. 어떻게 하지? 김고민 씨가 고를 수 있는 선택지는 두 가지! YES or NO. 순간의 선택이 고민 씨의 미래를 바꾼다.

☑ 좋은 예

"근로계약서는 저뿐만 아니라 사업주의 권리도 보장하는 일입니다."라고 말한 김고민 씨. 권리란 말에 흠칫 놀란 사업주가 근로계약서 서류를 꺼낸다. 다음 스테이지로 넘어간다.

☒ 나쁜 예

"우리 사이에 그런 게 필요하냐?", "계약서 안 쓰면 돈을 더 줄게." 사업주의 막무가내 설득에 마음이 약해져 두 손 들어 버린 고민 씨. 3개월 뒤 사업주는 가족 같은 사이를 강조하며 형편이 어려우니 이번 달은 월급에서 10만 원을 빼겠다고 한다. 황당한 선언에도 근로계약서를 작성하지 않은 고민 씨는 이의를 제기하지 못한다.

2. 자세히 보니 표준근로계약서 아니네?

사업주가 꺼낸 근로계약서를 보니 '표준근로계약서'가 아니다. 근로계약 기간과 소정근로시간, 근무일, 휴일은 적혀 있지만 업무 내용과 근무 장소가 계약서에 기재되어 있지 않다.

고민 씨가 "계약서에 업무 내용과 근무 장소를 추가할 수 있을까요?"라고 하니 사업주는 심드렁하게 "그거 인터넷에서 뽑아 온 거야. 다른 곳도 다 그거 쓴대." 하며 귀찮아한다. 어떻게 하지?

☑ 좋은 예

"고용노동부에서 배포한 표준근로계약서 형식에 맞춰 계약하고 싶습니다. 이번 기회에 업무 내용도 좀 더 확실히 파악하겠습니다."라고 말한 김고민 씨. 사업주는 고용노동부라는 말에 약해진 모습이다. 계약서에 업무 내용과 근무 장소 항목을 추가했다. 마지막 스테이지로 넘어간다.

☒ 나쁜 예

근무 장소를 계약서에 추가하지 못한 고민 씨에게 "다음 주부터 다른 동네 사업장으로 출근해."라고 사업주가 지시한다. 꼼짝없이 지원했던 지역 대신 멀리 떨어진 지역으로 출근해야 하는 김고민 씨. 통근 시간이 도보 10분에서 지하철·버스 환승 포함 2시간 30분으로 늘었다. 가벼운 식사까지 챙길 수 있던 여유로운 아침은 사라지고, 배고프고 잠이 부족해 피곤한 아침의 연속이다.

3. 처음 들은 월급과 다른데?

스테이지 1과 2를 무사히 통과한 김고민 씨. 찜찜한 마음에 계약서의 다른 항목들을 살펴본다. 월급과 상여금 여부, 기타 급여, 임금 지급일 등 임금 관련 내용이 상세히 적혀 있다. "내가 돈 문제는 확실해."라며 뿌듯해하는 사업주. 그러나 정작 고민 씨는 구인 공고와 면접을 통해 들은 임금과 다른 부분을 발견한다. 연차 유급 및 사회보험적용 여부, 근로계약서 교부, 이외 사항은 근로기준법에 따른다는 항목도 빠져 있다.

고민 씨는 "급여가 공고에서 본 것과는 다르네요. 고용보험이랑 산재보험, 건강보험 등은 어떻게 처리되나요?" 하고 다시 사업주에게 묻는다. 뜨끔한 사업주는 애처로운 눈빛으로 바라보며 "아니, 그걸 얘기한 대로 다 하면 내가 너무 힘들어."라고 호소한다. 어떻게 하지?

☑ 좋은 예

"구두계약도 계약입니다. 지켜 주셨으면 좋겠습니다." 고민 씨의 최후통첩을 받아들인 사업주는 계약서에 기재된 월급을 수정한다. 고용보험과 산재보험은 필수, 월 60시간 이상 일하는 근로자는 사업주와 상의해 건강보험과 국민연금 가입 여부를 결정할 수 있다. 원하는 계약을 성사한 김고민 씨, 이제 근로계약에 따라 일할 시간이다.

☒ 나쁜 예

"아니, 내가 어떻게 챙겨 줬는데 이럴 수 있어?"라며 사회보험을 빼 달라고

편법을 요구하던 사업주. 그 뒤에도 세금 등 불편한 요구가 이어진다. 결국 김고민 씨는 참다못해 근로계약 관련 문제를 모아 고용노동부에 신고한다. 계약서 때문에 하지 않아도 될 마음고생을 잔뜩 한 고민 씨. 만신창이가 됐지만 취직을 위해 다시 첫 스테이지부터 시작할 수밖에 없다.

4. 아르바이트도 근로계약서 써야 할까?

이젠 근로계약서 '만렙'이 됐다고 생각하던 어느 날, 친구가 시급 만 원인 전단 아르바이트를 제안한다. '하루 일하는데 굳이 근로계약서를 써야 하나? 돈만 받으면 되는 거 아닌가?'라고 생각한 고민 씨. 사업장에 가니 역시나 계약서 얘기 없이 전단만 안겨 준다. 또 한 번 갈등에 빠진 고민 씨. 어떻게 하지?

☑ 좋은 예

"근로계약서 쓰고 시작할게요."라고 말하는 김고민 씨를 기가 차다는 듯 바라보는 사업주. 그러나 계약서 작성을 거절하는 일이 불법인 걸 알기에 떨떠름한 표정으로 답한다. "아 뭐, 필요하면 그러시든가." 고민 씨는 계약 내용대로 일을 마치고 홀가분하게 퇴근했다.

☒ 나쁜 예

"이거 원래 남들은 1시간 걸려요. 그러니까 만 원밖에 못 줘." 근로계약서를 쓰지 못한 김고민 씨. 3시간 동안 열심히 전단을 배포하고 돌아오니 사업주가 황당한 이야기를 늘어놓는다. 그러나 근로계약서를 쓰지 않아 항변할 방법이 없다. 결국 3시간 일하고 1시간 시급을 받은 취업 사기 피해자가 되어 터덜터덜 발걸음을 돌린다.

사회생활 고수처럼 명함 교환하려면

김고민 씨는 근로계약서를 작성하고 출근한 첫 회사에서 자기 이름이 적힌 첫 명함을 받자마자 "얘들아, 나 명함 나왔다." 하며 들뜬 마음으로 친구들에게 뿌렸다. 거기까진 좋았다. 그러나 실전에서 명함을 전하는 일은 쉽지 않았다. 낯선 상대 앞에서 명함을 들고 서 있으면 몸이 뻣뻣해지고 동공 지진이 찾아왔다. 능숙하게 명함을 주고받는 회사 선배들의 모습을 훔쳐봐도 좀처럼 감이 잡히지 않는다. 명함을 교환할 때마다 '내가 혹시 잘못하고 있는 건 아닐까?' 하며 바짝 긴장하는 김고민 씨. 이러다 명함 공포증에 시달릴 것 같아 불안한 고민 씨를 위해 쉽게 따라 할 수 있는 명함 교환 예절법을 소개한다.

1. 명함 준비: 누굴 만나는 거지? 몇 명 오지?

미팅 시간이 얼마 남지 않았다. 내 명함 상태를 확인하고 상대방에 대해 미리 파악해 두는 게 좋다. 상대측은 몇 명인지, 전에 만난 상대인지, 나보다 직급이 높은지 낮은지 등을 알면 당황하지 않고 명함을 교환할 수 있다.

내가 가진 명함이 몇 장인지, 명함 상태는 깨끗한지 확인하는 것도 중요하다. 미팅 인원수에 맞춰 명함을 미리 꺼내 두는 것도 능숙해 보이는 방법 중 하나다. 더불어 내 명함 사이에 다른 사람의 명함이 섞여 있는지 확인해 두면, 다른 사람의 명함을 실수로 건네 상대방과 서로 민망해지는 상황을 방지할 수 있다.

2. 명함 주기: 안녕하세요, 인사팀 김고민입니다

미팅이 시작됐다. 미리 파악한 미팅 상대 정보를 떠올리며 상급자부터 차근차근 명함을 건네 보자. 명함을 줄 땐 일어서서 간단히 소속과 이름을 말하며 전한다. 손이 명함에 인쇄된 글자를 가리지 않도록 끝부분을 잡고 전하는 게 좋다. 상대방이 명함 내용을 편하게 읽도록 방향을 신경 쓰는 센스도 보여 줄 수 있다.

직급에 따라 하급자가 상급자보다 먼저, 방문자가 피방문자보다 먼저 명함을 전하는 것이 기본이다. 직장 상사와 함께하는 미팅이라면, 그가 먼저 명함을 교환할 때까지 기다렸다가 명함을 건네는 게 자연스럽다.

---

3. 명함 받기: OOO 대표님이시군요!

명함 교환을 마쳤다. 하지만 명함을 주고받았다고 다 끝난 게 아니다. 받은 명함을 몇 초 동안 응시하자. 명함을 받자마자 곧바로 집어넣는 건 상대에게 실례일 수 있다. 명함에 적힌 상대의 이름과 직위 등을 빠르게 숙지하면 미팅에서 상대 이름을 잘못 말하는 불상사를 막을 수 있다.

명함을 상대가 앉은 위치에 맞춰 테이블 위에 올려놓는 것도 좋은 방법 중 하나다. 미팅을 진행하다가 슬쩍 테이블 위에 놓인 명함을 훑어보면 의외로 괜찮은 대화 소재를 발견할 수도 있다.

---

4. 명함 저장: 받은 명함은 어디에 보관하지?

미팅이 끝난 다음도 중요하다. 명함을 어디에, 어떻게 보관할지 고민할 차례다. 다시 만난 상대를 기억하지 못해 "전에 명함을 드렸는데 기억을 못 하시네요."라는 말을 듣는 상황을 마주하지 않으려면 명함을 잘 보관하는 게 좋다. 곧바로 휴대전화 주소록에 저장하거나 빈 명함 통에 넣어 두는 등 보관 방식은 개인의 취향에 따라 자유롭게 하자. 명함을 받은 개수만큼 내 명함도 줄었다는 사실을 기억하며 명함이 몇 장 남았는지 세어 보면 어떨까.

명함 관리 애플리케이션 활용

명함을 스마트폰으로 촬영한 뒤, 애플리케이션에 등록해 관리하는 직장인이 많다. '캠카드'와 '리멤버'가 대표적인 명함 관리 애플리케이션이다. 캠카드는 '명함레이더', 'QR코드' 기능을 이용해 비대면으로 명함을 교환할 수 있다. 무료로 이용 가능하지만, 유료 버전으로 전환하면 더 다양한 기능을 활용할 수 있다. 리멤버는 명함 저장기능과 더불어 유저들이 소통할 수 있는 커뮤니티도 제공한다. '내 명함을 갖고 있는 회원'을 이용하면 추천받은 친구를 추가해 상대 명함을 등록할 수 있다.

만렙 직장인의 실전 명함 교환 꿀팁

연습하고 준비해도 예외 상황은 있다. 그런 순간을 대비해 다음 내용을 읽어 보자.

위기1 **"명함이 있었는데 없습니다." 갑작스러운 미팅에 명함이 없다면?**

"상대방 명함을 받아서 문자로 연락을 남기면 됩니다. 명함이 없는 상황을 대비하려면 지갑과 명함 지갑에 각각 명함을 조금씩 분배해서 넣어 두면 좋아요." (A회사 대표, 경력 20년 차)

위기2 **"본의 아니게 미팅에 늦었네." 명함 교환 타이밍을 놓쳤다면?**

"꼭 정해진 타이밍은 없습니다. '눈치껏 잘' 전하는 게 일반적이죠. 미팅이 끝난 후 '인사가 늦었습니다'라고 하며 명함을 건네는 걸 추천해요." (B회사 대리, 경력 4년 차)

위기3 **"명함은 잘 교환했는데……." 미팅 자리에 정적이 흐르면?**

"명함에 들어간 정보를 활용해 대화를 이어 가는 건 어떨까요? '엇, 회사가 테헤란로에 있네요. 우리 회사랑 꽤 가까워요', '와, 명함 디자인이 인상적이에요', '디지털 광고 담당이세요?' 등 명함을 소재로 가벼운 대화를 나누며 무거운 분위기를 풀어 봐요." (C회사 과장, 경력 9년 차)

A급 신입 사원처럼 이메일 잘 쓰려면

신입 사원 김고민 씨는 패닉 상태다. 팀원들에게 회의 안내 이메일을 돌리라는 팀장님 지시 때문. 격식을 갖춰 이메일을 쓴 경험은 대학생 시절 교수님께 보내 본 게 전부다. 업무 이메일을 쓰는 건 처음이라 제목을 어떻게 쓸지, 참조에 누구를 넣을지 도무지 모르겠다. 자꾸만 동공이 흔들리고 식은땀이 흐르는 고민 씨를 위해 업무 이메일을 작성하는 기본적인 방법을 소개한다. 순백의 이메일 함에 흑역사를 남기고 싶지 않다면, 업무 이메일 '쪼렙'을 탈출해 고수가 되고 싶다면, 다음을 배워 보자.

1. 제목엔 용건만 간단히

업무 이메일을 쓸 땐 제목 칸에 소속과 용건을 30자 이내로 간결하게 적는 게 좋다. 이메일을 받은 사람이 내용을 한눈에 파악할 수 있도록 해야 한다. 하나씩 제목을 클릭해야 내용을 알 수 있는 이메일은 여러모로 불편하다. 대괄호를 활용해 제목 맨 앞에 소속을 적는 게 좋다. 사내 이메일이면 소속팀, 회사 밖으로 보내는 메일이면 회사 이름을 표시하는 센스를 발휘해 보자.

2. 인사로 시작해 감사로 끝내는 게 국룰

이메일은 웬만하면 '안녕하세요'로 시작된다. 계절 변화나 날씨를 언급하는 인사 문구를 적는 것도 괜찮지만, 인사가 길어지면 읽는 사람이 본론을 읽기도 전에 지칠 수 있으니 주의하자.

인사를 마쳤다면 소속과 이름을 밝힐 차례. 자기 소속과 이름을 적고 상대방 이름과 직위를 함께 언급해 준다. 상대를 향한 관심의 표현이자 예의다. 다만 불특정 다수에게 이메일을 보낼 땐 인사말과 발신자 이름, 소속, 직위까지만 언급하는 게 깔끔하다.

본문을 작성한 후엔 끝인사로 마무리한다. '감사합니다. 김고민 드림'이 보편적이고 안전하다. 원하는 회신 일정을 덧붙이고 맨 마지막에 이름, 소속, 직위, 연락처가 들어간 서명을 꼭 넣는다. 상대방이 뭔가 물어보거나 요청하고 싶을 때 즉시 연락할 방법을 남겨 두는 게 좋다.

3. 본문은 두괄식으로 핵심만

이메일 본문은 두괄식으로 용건을 먼저 제시하는 형식이 좋다. 업무 문서에 기교를 넣을 필요는 없다. 최대한 간결하고 명확하게 내용을 전달하는 게 중요하다. 본문이 길어지면 중요한 내용을 따로 강조하는 것도 좋다. 글자 색 변경, 볼드체, 밑줄, 불렛 포인트(·) 사용을 추천한다.

날짜나 시간은 숫자로 정확하게 적는다. 시간이 지나서 읽으면 어느 시점을 가리키는지 알 수 없는 '금일', '차주' 같은 표현은 되도록 쓰지 말자. 이메일의 신뢰도를 떨어뜨리는 오탈자와 맞춤법, 띄어쓰기에도 주의해야 한다. 전송하기 전 맞춤법 검사기를 이용해 검토하는 습관을 들이자. '한국어 맞춤법 검사기'와 '사람인 맞춤법 검사기'를 추천한다.

4. 첨부파일은 확인하기 쉬운 형태로 하나만

추가할 첨부파일의 파일명을 명확하게 적어 준다. 순서가 있는 파일이라면 파일명 앞에 '1. 2.', '1_ 2_'처럼 표기하면 알아보기 쉽다. 날짜까지 적어 주면 금상첨화다. 꼭 확인해야 하는 파일은 이메일 본문에서 강조해 주자. 파일 수가 많다면 하나로 압축해서 보내는 걸 추천한다.

파일 용량이 크면 이메일에서 다운로드할 수 있는 기간이 제한되는 경우가 많다. 기한 없는 스토리지 서비스를 이용해 첨부하는 것도 하나의 방법이다. 첨부파일이 한글 혹은 워드 파일이라면 PDF 파일도 함께 첨부하자. 해당 프로그램이 없어 문서를 열지 못하는 상황을 막을 수 있다.

5. 수신(TO)과 참조(CC)는 구분해서

업무 이메일에선 수신(TO)과 참조(CC)를 활용하는 경우가 많다. 업무 진행 과정을 공유하고 역할과 책임을 구분하기 위해서다. 수신에는 업무와 직접 관련된 사람들을 넣는다. 이메일 수신자가 업무를 진행하는 주체이자 담당자라고 생각하자. 참조에는 이메일 내용을 알아야 하는 사람들을 넣는다. 수신자의 소속 팀장이나 협업하는 관계자들을 참조에 넣는 경우가 많다.

일반적으로 수신자는 수신자끼리, 참조자는 참조자끼리 동등한 직급으로 맞춘다. 참조에 넣는 순서를 소속 팀장으로 시작해서 그 뒤로 상위 부서나 높은 직급 순서로 입력하는 게 일반적이다. 세부 규칙은 회사마다 다를 수 있으니 선배들의 이메일을 참고해 보자.

6. 전송 직전에 마지막 검토

이메일을 다 작성했다면 전송 버튼을 누르기 전 한 번 더 검토해 보는 건 어떨까. 파일을 제대로 첨부했는지, 받는 사람을 제대로 선택했는지 등 혹시 모를 실수를 예방해 보자.

실수가 두렵다면 지연 발송 기능을 활용하자. 지연 발송은 설정한 시간 동안 발송을 늦추는 기능이다. 깜박한 내용이나 뒤늦게 전달받은 수정사항을 반영할 수 있다. 이메일을 보낸 후엔 수신자에게 직접 알려주는 게 배려다. 수신자가 업무에 바빠 이메일을 확인하지 못하는 상황을 방지할 수 있도록 업무용 메신저로 알려 주자.

알아두면 후회 없는 이메일 꿀팁!

1 회사 이메일 계정은 신중하게

회사 이메일 계정 이름은 당신의 첫인상과도 같다. 앞으로 마주칠 업무 파트너를 생각하며 신중하게 결정하자. 되도록 짧고 생년월일 같은 개인정보가 드러나지 않는 게 좋다. 'gomingomin95'같은 아이디는 추천하지 않는다. 외국 기업과 소통하는 경우를 대비해 영문 이름 'gomin.kim'을 활용하거나 약자인 'gmk'를 활용하는 방법도 있으니 참고하자.

2 사내 이메일 양식 확인하기

회사에서 이용하는 표준 이메일 양식이 있는지를 먼저 확인하자. 정해진 양식이 없으면 상사가 쓴 이메일을 참고하는 것도 좋은 방법이다.

3 회신(Re)과 전달(Fwd)의 차이 알아 두기

회신은 이메일을 발송한 사람에게 답장하는 걸 의미한다. 일반적으로 회신할 땐 받은 이메일에 들어간 참조자를 그대로 포함해 보낸다. 이를 전체 회신이라고 한다. 중요한 내용이 포함된 이메일은 전체 회신을 할지 더욱 신경 써야 한다. 잘못하면 알리지 말아야 할 사람에게 일의 진행 상황을 공유하는 불상사가 일어날 수 있다. 이메일을 받지 못한 사람에게 공유하려면 전달(Forward) 기능을 활용하자. 수신인과 발신인, 제목, 시간 등을 모두 전달할 수 있다.

4 이메일은 기록물임을 명심하기

마지막으로 이메일은 시간이 지나도 남는 기록물이라는 점을 잊지 말자. 업무 기밀이나 개인적인 내용은 이메일로 남기지 않는 편이 안전하다.

좋은 예시

New message

받는 사람 홍보전략팀 ○○대리, ○○과장, 시장조사팀 ○○차장

참조 홍보전략팀 팀장님, 시장조사팀 팀장님

제목 [홍보전략팀] 7월 6일 홍보전략 월간회의 사전준비 관련 건

내용

안녕하세요. 홍보전략팀 김고민입니다. ← 본인 소속과 이름

7월 6일(수)에 있을 홍보전략 월간회의 사전준비 관련하여 연락드립니다.
이번 월간회의에서는 하반기 홍보전략 프로젝트의 현황 보고 및 중간 점검을 실시하고, 개선방안과 향후 계획을 논의할 예정입니다.
다음 사항을 참고하시어 참석 여부를 회신해주시길 부탁드립니다. ← 두괄식으로 핵심만

<00회사 홍보전략 월간회의>

- 일자: 2022년 7월 6일(수)
- 시간: 10:00~11:50
- 장소: A동 교육실
- 참석자: 홍보전략팀 및 시장조사팀 전원(부득이 불참하실 경우 반드시 회신 부탁드립니다)

아울러, 지난 월간회의 회의록 및 이번 회의 안건을 정리한 문서를 첨부합니다.

감사합니다.
김고민 드림 ← 감사 인사로 마무리

첨부파일 20220701_홍보전략 현황 보고 사료.pdf

알아서 눈치껏 연차 휴가 잘 쓰려면

김고민 씨 맞은편 자리의 대리가 며칠째 안 보인다. 연차 휴가를 쓰고 제주도에 갔다는 얘기를 뒤늦게 들었다. 체감상 2주 만에 만난 것 같은 대리님 얼굴 채도가 높아졌다. 신입 사원 김고민 씨는 그저 부럽다. 대체 언제 마음대로 연차 휴가를 쓰고 쉴 수 있을지, 연차가 어딘가에 쌓이고 있긴 한 건지 궁금하다. 연차 휴가를 쓰려면 어떻게 해야 하는지, 어디에 물어봐야 하는지 모르는 고민 씨를 위해 관련 기초 상식을 정리했다. 당연한 권리도 알아야 제대로 행사할 수 있다.

1. 연차 휴가, 눈치 안 보고 써도 될까

눈치는 넣어 두자. 연차 유급 휴가(연차)는 근로기준법에 근거한 근로자의 당연한 권리이자 그동안 근로한 대가다. 법원에 따르면 연차는 '근로자에게 일정 기간 근로의무를 면제함으로써 정신적·육체적 휴양의 기회를 제공하고 문화적 생활의 향상을 기하는 데 취지가 있다'고 한다. 연차는 기간제 근로자, 인턴, 정규직 등 고용 계약형태와 관계없이 누구나 누릴 수 있다.

2. 연차는 며칠까지 쓸 수 있을까

근로기준법에 따르면 근무 기간이 1년 미만인 직장인은 한 달 근무에 하루씩 연차가 발생한다. 예를 들어 3월 15일 입사해서 4월 14일까지 모두 근무했다면 4월 15일에 연차 1일이 발생한다. 이렇게 계산하면 근무 첫해에 많게는 11일까지 연차를 받을 수 있다. 지난해 80% 이상 출근했다면 2년 차부터는 15일의 연차가 주어진다.

3. 연차는 언제 어떻게 늘까

연차는 오래 근무할수록 늘어난다. 근로기준법에 따르면 최대 25일까지 연차를 받을 수 있다. 입사 후 3년간 일한 근로자부터 1일이 더해지고, 이후 2년이 지날 때마다 연차가 1일씩 더해진다. 2~3년 차는 15일, 4~5년 차는 16일, 6~7년 차는 17일을 받는 식으로 연차가 점점 늘어난다.

4. 연차 사용, 얼마나 미리 말하는 게 좋을까

먼저 사내 규정을 찾아 연차 사용 방식이나 절차가 정해져 있는지 확인하는 게 좋다. 사내 규정에 연차 관련 내용이 없다면? 회사 관행을

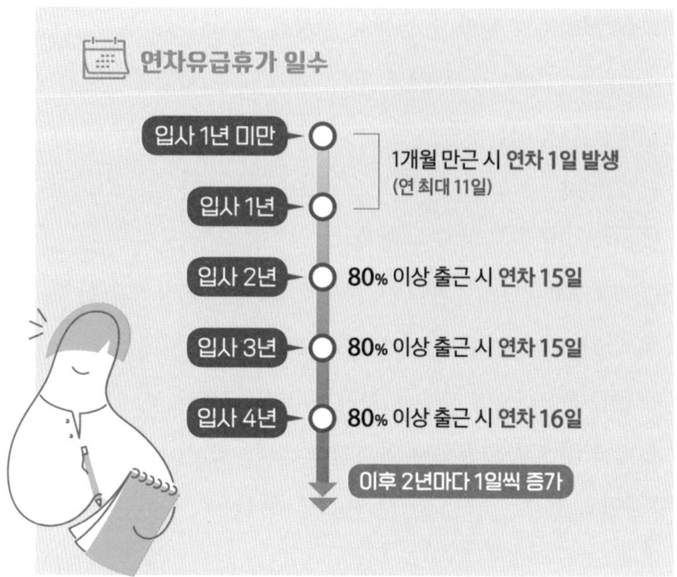

참고하자. 선임이 어떻게 연차를 사용하는지 살펴보면 도움 된다. 지켜봐도 잘 모르겠으면 연차 사용 예정일부터 적어도 일주일 전엔 연차 사용 계획을 전달해야 안전하다.

몸이 아프거나 부득이한 사정이 생겼다면 당일에도 연차를 낼 수 있다. 회사에 허가만 얻으면 적법한 연차 신청이다. 근로기준법에 '연차 휴가를 며칠 전에 회사에 통보해야 한다'고 정해져 있진 않다.

5. 연차는 며칠까지 붙여 쓸 수 있을까

전문가에 따르면 정답은 없다. 근로자에게 휴가 청구권이 있다는 게 기본 원칙이다. 원하면 한 번에 전부 몰아 써도 된다. 회사나 팀 내 시선이 신경 쓰인다면 사내 규정이나 분위기를 참고하자.

6. 연차 사유를 꼭 자세히 적어야 할까

그럴 필요는 없다. 사유 때문에 연차 사용을 거부하면 불법이다. 연차 사유가 자세하지 않다거나 적절치 않다는 이유로 상사가 연차를 반려하면? 직장 내 괴롭힘에 해당할 수 있다. 특정 인물이 아닌 사내 노무관리 전반에서 이 같은 문제가 일어나면 고용노동부에 신고하거나 근로감독 청원도 가능하다.

회사는 근로자의 연차를 거부할 수 없지만 시기를 변경할 순 있다. 근로자가 연차 사용을 요구한 날짜에 쉬는 게 사업 운영에 막대한 지장을 초래하는 경우(예를 들면 인원 대체가 불가하거나 업무가 몰린 경우)엔 예외적으로 사측이 근로자의 휴가 시기를 변경할 수 있다.

7. 다 쓰지 못한 연차를 돈으로 받을 수 있을까

근로기준법에 따르면 퇴사할 때 남은 연차가 있으면 연차 미사용 수당을 받을 수 있다. 1년 미만 근로자도 마찬가지다. 다만 법에서 정한 절차를 지켜 연차 사용을 촉진했는데도 근로자가 사용하지 않았다면 회사의 연차 휴가 미사용 수당 지급 의무는 면제된다.

회사에서 '연차 안 써?'라고 묻는 건 연차 사용 촉진에 해당하지 않는다. 연차 소멸 6개월 전부터 10일간 회사가 직원에게 연차 미사용 일수를 알린 후 언제 사용할 것인지 날짜를 지정해 통보해 달라고 요청하고(1차), 그래도 연차 예정일을 알려 주지 않으면 연차 소멸 2개월 전까지 해당 직원에게 연차 사용 일자를 지정해서 통보해야 한다(2차).

8. 1년 일하고 퇴사하면 연차 수당 얼마나 받을까

근로기준법에 근거해 1년 동안 연차를 한 번도 쓰지 않았다면, 최대 11일 치 연차 휴가 미사용 수당을 청구할 수 있다. 2년차에 발생하는 연차 15일을 더 받으려면 1년을 채우고 최소 하루를 더 일해야 한다.

고용노동부는 1년 동안 근로관계가 있고 80% 이상 출근, 1년 근로를 마친 다음 날인 366일째에 이듬해 연차가 발생하는 것으로 행정해석을 변경했다(2021년 12월 16일 기준). 1년간 80% 이상 출근한 근로자에게 주어지는 15일의 연차는 그 1년의 근로를 마친 다음 날 근로관계가 있어야 발생하므로 1년 기간제 근로자에게는 주어지지 않는다는 취지의 대법원 판결에 따른 것이다

9. 아르바이트는 연차가 없을까

근로기준법에 따르면 '4주간 평균 근로시간이 일주일에 15시간 이상이고 5인 이상 사업장에서 근무' 중이면 연차가 발생한다. 단시간 근로자의 연차 계산법은 '통상의 근로자 연차 일수(15일)×(단시간 근로자 1주

소정근로시간/통상 근로자 1주 소정근로시간)×8시간'이다.

언제 연차를 쓸지 눈치 게임 중인 전국 모든 신입 사원에게 전하는 노무사의 한마디. "근무 1년 미만 근로자에게 한 달에 한 개씩 생기는 연차는 입사 1년이 지나면 자동 소멸합니다. 연차 미사용 수당도 못 받아요."

눈치만 보다가 손해 보지 말고, 내 권리는 내가 찾자.

실수로 단톡방에 올린 팀장 욕을 수습하려면

망했다. 진짜 망했다. 머릿속이 새하얗게 변하고 등에선 땀이 흘렀다. 친구에게 보내려던 팀장 욕을 팀 단톡방에 올려 버린 김고민 씨. 아무 생각 없이 보낸 메시지가 입사 후 최악의 실수가 될 줄 몰랐다. 멍하게 있는 사이, 팀 단톡방에선 '읽음'을 알리는 숫자가 빠르게 줄어들었다. 정신을 부여잡고 대화창에 '죄송……'이라고 적는 순간, 전화벨이 울렸다. 발신자는 외근 중인 팀장님. 순간 퇴사까지 고민한 고민 씨를 위해 업무 메신저 실수 수습 방법을 소개한다.

1. 업무 '카톡' 실수 어디까지 해 봤니?

사례 1 신입 사원 A씨는 회사 단톡방에 오가는 여러 의견을 지켜보다가 커서를 옮기기 위해 마우스를 잡았다. 그 순간 갑자기 '그룹콜' 통화음이 울려 퍼졌다. A씨는 아직도 그날 자기 손가락이 왜 메신저 수화기 버튼을 눌렀는지 이해할 수 없다. 당황한 A씨는 빠르게 그룹콜을 취소하고 팀원들에게 사과했다. 마우스를 잡았던 손에 식은땀이 났다. 통화음이 울린 건 5초 남짓이었지만 후유증은 길었다. 며칠간 '딴따단따딴~' 그룹콜 멜로디가 이명처럼 들렸다.

사례 2 교사인 B씨는 소풍날 오후 광장 앞으로 모이라는 공지에 반 학생들을 인솔해 제시간에 도착했다. 그곳엔 B씨와 그의 반 학생들밖에 없었다. B씨는 다른 반 학생들과 교사들을 기다리며 친구들이 모인 단톡방에 '뭐야, 나만 도착했어——'라는 메시지를 보냈다. 그런데 뭔가 느낌이 좋지 않았다. 다시 확인하니 같은 학년 담임교사들이 있는 단톡방이었다. 타지도 않은 롤러코스터에 올라탄 기분이었다.

사례 3 연이은 상사의 질문에 지친 C씨는 친구가 모인 단톡방에 연달아 메시지를 보냈다. '그만 좀 묻지', '왜 나한테만 물어봐', '자기가 찾아볼 생각은 안 하고' 메시지 옆에 각각 숫자 5가 떴다. 이상했다. 여긴 분명 친구 3명이 모인 창인데……. 다시 한번 확인하기 위해 눈동자를 굴리는 1초가 100년 같았다. 홍보팀이라는 글자가 선명했다. 심지어 상사도 있는 방이었다. 떨리는 손으로 메시지를 지우려는데 숫자가 모두 사라졌다. '죄송합니다', '잘못 보냈습니다' 사과했지만 돌아오는 대답은 없었다.

2. 업무 메신저 실수 수습 가이드: 실전편

각양각색의 실수를 어떻게 수습해야 할까. 2021년 쿠키뉴스 구성원 대상 설문조사에 따르면 응답한 55명 중 32명이 '회사 업무 관련 온라인 메신저에서 실수한 경험이 있느냐'는 질문에 '있다'고 답했다. 많은 사람이 대화창을 착각해 실수했고, 실수 후 메신저에서 사과했다. 가장 중요한 '실수 후 수습 방안'을 주관식으로 물었다. 이론편은 건너뛰고 곧바로 실전편으로 넘어가는 건 지금 이 내용을 읽는 모두의 마음이 급한 걸 알기 때문이다. '업무 메신저 실수 수습 가이드'는 다음과 같다.

삭제한다: 반드시 '모든 대화 상대에게서 삭제'

업무 메신저에 실수를 저질렀다. 내가 먼저 발견했다면 침착하게 실수로 보낸 메시지부터 삭제하자. '망했다'고 생각하는 순간에도 시간은 흐른다. 다른 사람이 일러 줘서 알았어도, 일단 사태를 파악했다면 흔적을 지우자. 카카오톡, 라인, 텔레그램 등 메신저에는 '메시지 삭제'나 '보내기 취소' 등의 기능이 있다. 대화창에서 삭제할 메시지를 선택하고 꾹 누르거나(모바일) 마우스 우클릭 버튼을 누르면(PC) 삭제 관련 메뉴가 뜬다.

이때 중요한 것은 반드시 '모든 대화 상대에게서 삭제' 또는 '모두에게서 삭제'를 선택하는 것이다. '나에게서만 삭제'를 고르면 메시지가 내 창에서만 삭제되고 다른 사람의 대화창에는 그대로 남는다. 라인 메신저는 '보내기 취소' 기능과 '삭제' 기능이 따로 있다. '보내기 취소'를 해야 한다. 메시지를 삭제하면 카카오톡에 '삭제된 메시지입니다'라는 알림이 대화창에 남는다. 라인과 텔레그램은 대화창에 삭제 안내 메시지가 남지 않는다.

메시지를 지우는 골든타임!

골든타임 5분을 기억하자. 카카오톡에서 메시지를 보낸 지 5분이 지나면 '모든 대화 상대에게서 삭제'는 불가능하다. 한마디로 다른 사람 창에서 내 메시지를 지울 수 없다는 얘기다. 5분 안에 최대한 빠르게 실수를 수습해 보자.

사과한다: "죄송합니다. 잘못 보냈습니다."

메시지를 지웠다. 절대 읽지 않았으면 하는 누군가가 읽기 전에 삭제했으면 그나마 다행이다. 그러나 걱정하는 바로 그 사람이 이미 메시지를 읽었을 수 있다. 상대의 기억까지 지울 수 있으면 좋겠지만 우리에겐 그런 능력이 없다.

일단 사과 메시지부터 정중하게 쓰자. '죄송합니다. 대화창을 착각해 잘못 올렸습니다.' 분위기에 따라 실수 정황 등을 간단하게 해명해도 좋지만, 굳이 구구절절하게 이야기하지 않는 것이 나을 수도 있다. 험담 같은 심각한 내용이 아니더라도 업무 메신저 실수라면 메신저에서 간단히 사과하고 넘어가는 것을 권한다.

대면 사과 또는 해명!

첫 번째나 두 번째 사례처럼 무겁지 않은 실수는 메신저에서 사과하는 것으로 충분하다. 하지만 세 번째 사례처럼 험담한 대상이 명백하거나, 누가 봐도 기분이 상할 수 있는 실수가 문제다. 직접 만나서 혹은 전화 통화로 다시 한번 정중히 사과하는 것도 좋은 방법이다. 경우에 따라서는 실수가 빨리 잊히도록 말을 꺼내지 않는 게 나을 수도 있다. 회사 성향과 분위기, 상대의 성격을 고려해 눈치껏 적절히 대응하자.

명상한다: 실수는 실수요, 사과는 사과로다

사과가 끝나면 마음을 다스릴 차례다. 당분간 잠들기 전마다 자꾸 실수한 순간이 떠올라 괴로울 수 있지만 누구나 한 번쯤 실수한다고 생각하며 잊는 게 좋다. 나중에 같은 실수를 반복하지 않는 게 무엇보다 중요하다. 아래의 예방편을 읽고 실행해 보자.

3. 업무 메신저 실수 수습 가이드: 예방편

상사에게 상사 험담을 보냈던 C씨는 잘못을 인정한 다음 죄송하다고 거듭 사과했다. 상황은 일단락되는 듯 보였으나 이후 두 사람 관계는 어색해졌다. 설문조사 응답자 중 한 명은 '업무 관련 내용을 다른 카톡방에 보낸 실수라면 사과 문자를 보내면 되지만, 만약 욕이라면…… 수습은 안 될 것 같다'는 솔직한 의견을 남기기도 했다. 회사나 구성원의 험담을 공유하는 실수는 자칫 큰 갈등으로 번질 수 있다.

최고의 수습은 예방이다. 이미 엎질러진 물을 잘 치운 후, 다시 물을 엎지르지 않기 위해 주의를 기울이는 것이 중요하다. 메신저에 말을 엎지르기 전 숨을 고르자. 업무 시간에 회사나 구성원의 험담을 메신저로 보내고 싶을 땐 5초만 다시 차분하게 생각해 보자. 지금의 분노를 반드시 문자로 남겨야 할까. 고민하는 5초 동안 감정이 다 가라앉진 않겠지만 실수는 줄일 수 있다.

메시지 오전송 예방 기능을 사용하는 것도 좋은 방법이다. 카카오톡을 이용하고 있다면 주의가 필요한 단톡방에 당장 '입력 잠금'을 걸어 두자. 이 기능을 이용하면 대화창 입력란에 '대화에 주의가 필요한 방입니다'라는 안내가 나오고, 오른쪽 아래 자물쇠 버튼을 눌러야 메시지를 입력할 수 있다. 설문조사 응답자 중 한 명은 '채팅창 잠금 기능 (사용) 이후부터는 실수가 거의 없었다'고 했다.

단톡방 이름을 알아보기 쉽게 설정하고, 배경화면 이미지까지 바꾸면 시각적으로 도움이 된다. 메신저마다 조금씩 다른 메시지 삭제 방법을 미리 익혀 두는 것도 좋다. C씨는 실수 후 두 가지 습관을 만들었다. 업무 메시지를 보낼 땐 반드시 대화창 이름과 내용을 확인하고, 상급자와 대화를 나눈 후엔 바로 창을 닫는다. 메신저로 대화를 많이 나눈다면, 개인 대화를 나누는 메신저와 업무 메신저를 분리하는 방법도 고려할 만하다. 사내 전용 메신저를 사용하고 있다면 그곳에서의 잡담을 줄이는 것 역시 좋은 방법이다.

대대손손 회사 족보로 남을 고퀄 시말서 작성하려면

"내일까지 시말서 제출하세요." 팀장에게 청천벽력 같은 지시를 받고 자리로 돌아온 신입 사원 김고민 씨. 두근거리는 마음이 쉽게 진정되지 않는다. '이대로 잘리는 걸까', '징계위원회에 불려 가는 걸까', '엄마, 아빠. 미안해……' 등 오만가지 생각이 머리를 맴돈다. 어젯밤 유튜브에서 본 방송인 전현무의 '경위서 황금 USB' 썰이 고민 씨의 이야기가 될 줄은 꿈에도 몰랐다. 그러나 시말서는 직장인이 겪는 수많은 회사생활 에피소드 중 하나일 뿐이다. 두려움과 죄책감에 사로잡혀 무작정 키보드를 두드릴 김고민 씨를 위해 시말서 작성법을 소개한다.

1. 모두 알지만 아무도 읽지 않는 '취업규칙'

가장 먼저 해야 할 일은 사내 어딘가에 존재할 전설의 문서 '취업규칙'을 찾는 것. 회사 인사팀에 요청하거나 문서 양식을 모아 놓은 사내 자료 게시판을 뒤져 보면 높은 확률로 취업규칙을 획득할 수 있다.

취업규칙을 찾은 다음엔 해당 회사에서 '시말서 작성이 징계에 해당하는지', '나의 행위가 징계 사유에 해당하는지', '상사가 정당한 절차를 거쳐 지시한 것인지' 눈을 크게 뜨고 살펴보자. 시말서 작성이 추후 승진이나 상여금 등에 영향을 줄 수 있다는 규정이 있는지도 꼼꼼히 확인하는 게 좋다.

절차가 정당하지 않거나 징계 사유에 해당하지 않으면?

부당한 업무 지시이기 때문에 제출명령을 이행하지 않아도 된다. 또 사측은 이를 징계 사유나 징계양정 사유로 삼을 수 없다.

시말서 작성이 상사의 정당한 권한에 속하는 지시면?

이유 없이 시말서 작성을 하지 않으면 새로운 징계로 이어질 수 있다.

2. 경위서와 시말서를 구분하자

경위서와 시말서는 언뜻 비슷해 보이지만 엄연히 다르다. 국립국어원이 일본식 표현인 시말서(始末書)를 경위서(經緯書)로 순화하라고 했지만 여전히 현장에서는 구분해서 쓰이는 곳이 많다.

경위서는 가벼운 과실이거나 정당한 사유가 있을 때 작성한다. 법인카드 분실, 한두 번의 지각이 여기에 해당한다. 시말서는 중대한 사고나 비위행위를 저질렀을 때 작성한다. 업무 중 사고나 재해를 당한 경우, 근태에 지속적 문제가 생긴 경우, 고소나 범죄 사건에 연루된 경우, 직장 동료와 심하게 다툰 경우가 여기에 속한다. 소속된 회사 취업규칙에 따라 시말서 작성 자체가 징계 조치(견책)에 해당하기도 하니 직접 확인하는 걸 추천한다.

3. 육하원칙과 사실관계를 기억하자

이제 빈 종이를 채울 시간이다. 회사에서 시말서 양식을 주면 그에 맞춰서 쓰면 된다. 준비된 양식이 없어도 걱정하지 말자. 포털사이트를 검색하면 수많은 사회인 선배들이 전현무의 '경위서 황금 USB' 못지않은 예시와 자료를 올려놓았으니 참고하는 게 좋다.

중요한 건 시말서 양식보다 내용이다. 육하원칙에 따라 상세하게 서술하자. 시말서는 어떤 사건이나 사고의 시작부터 마무리까지, 일이 벌어진 경위를 파악하는 목적의 문서다. 사건을 시간 순서대로 작성하면 문서를 읽는 상사가 쉽게 이해할 수 있다. 객관적인 입장에서 사실관계 위주로 담백하게 쓰자. 개인 의견이나 주장은 변명처럼 느껴질 수 있으니 주의하자. 본인의 과실로 회사나 동료에게 피해를 주었으면 이 사실을 적어 스스로 인지하고 있음을 알린다. 앞으로의 개선 방향과 재발 방지를 위한 본인의 노력과 다짐까지 더하면 금상첨화다.

4. 시말서는 반성문이 아니다

시말서와 경위서는 반성문이 아니다. 본인이 진정으로 반성할 사안이라 생각하고 이를 사측에 알리고 싶으면 반성문처럼 적어도 좋다. 그렇지 않으면 누구도 당신에게 '죄송합니다'나 '잘못했습니다'라는 문구를 넣도록 강요할 수 없다는 사실을 기억하자. '한 번만 더 비슷한 일이 발생하면 어떤 불이익도 감수하겠다'는 문구도 마찬가지다. 누군가가 이 같은 내용을 본문에 추가하라고 강요한다고 해서 곧이곧대로 따르는 건 위험하다.

'내가 대역죄인이오'식의 저자세 역시 금물. 작은 잘못을 큰 과실로 포장해서 쓴다면 순간의 위기는 면할 수 있겠지만, 자신의 발목을 잡을 수 있다는 사실을 명심하자. 예를 들면 언젠가 회사와 갈등을 겪을 때 인사팀이 당신의 시말서를 조용히 꺼내 들 수 있다. 이를 꼬투리 잡아 권고사직을 유도할 수 있다는 노무사의 전언에 밑줄을 치자.

상사가 "반성의 기미가 보이지 않아." 하고 반려했다면?

상사의 반려를 거부할 수 있다. 대법원판결에 따르면 이는 양심의 자유를 침해하는 행위다. 업무상 정당한 명령으로 볼 수 없으니 알아두자.

5. 과한 시말서 지시엔 증거를 모으자

아무리 생각해도 시말서를 쓸 일이 아닌데 써야 하는 극한 상황을 만날 수 있다. 가령 1분 일찍 퇴근했다, 간식을 먹었다는 등의 이유다. 믿을 수 없겠지만 실제로 현실에서 일어난 일들이다. 고용노동부의 '직장

내 괴롭힘' 매뉴얼은 시말서 강요를 직장 내 괴롭힘으로 명시하고 있다.

시말서로 겁박하는 회사에서 다른 갑질 행위가 없을 리 없다. 가혹 행위, 폭언, 시말서 작성 지시 등을 노동일지 형식으로 기록하면 추후 간접증거로 인정받을 수 있다. 녹음 파일도 좋다. 피해를 입은 동료가 한둘이 아니라면 서로가 '품앗이'로 미리 증언을 뒷받침할 진술을 해 두는 것이 도움이 된다. 증거를 충분히 모았다면 사내 신고 혹은 관할 지방 노동청에 진정을 제기할 수 있다.

신고가 부담되면 시민단체의 도움을 받자. 시민단체 직장갑질119는 직장인의 상담 및 제보받아 상담, 조언, 법적 도움을 주고 있다. 카카오톡 오픈채팅에 '직장갑질119'를 검색하거나, 인터넷 주소창에 'gabjil119.com'을 입력해 제보하면 된다. 이메일(gabjil119@gmail.com)을 통한 제보나 상담도 가능하다. 신원은 공개되지 않으며 답변까지 3~4일 걸린다.

처음 가는 장례식에서 실수하지 않으려면

김고민 씨는 어느 날 갑자기 회사 동료의 부친상 소식을 들었다. 장례식은 조부모님이 돌아가신 까마득한 꼬맹이 시절 부모님 손 잡고 간 기억이 전부다. 입사 후 처음 가는 조문. 검은색 정장을 입고 부조금만 챙기면 되는 줄 알았다. 그런데 막상 장례식장에 도착하니 분향이 뭔지, 절은 어떻게 하는지 아무것도 몰라 당황하는 고민 씨. 눈치껏 옆 사람을 보며 어찌어찌 겨우 조문을 마쳤지만, 혹시 실수한 건 없는지 불안하고 괜히 송구한 마음이다. 김고민 씨가 다음 조문에선 당황하지 않도록 기본적인 장례식장 예절을 소개한다.

1. 장례식장 가기 전: 뭘 준비해야 할까?

조문 시기

보통 장례식은 부고 알림 후 바로 시작된다. 조문 가기 좋은 시기는 관계에 따라 달라진다. 만약 가까운 친척의 부고를 접했다면 사망 당일 최대한 빨리 방문해 가족을 위로하는 게 예의다. 친척이 아닌 친구나 지인이면 첫날엔 유족이 조문객을 맞을 준비를 하지 못했을 수 있다는 걸 고려해야 한다. 부고를 접한 시간대가 애매하면 장례식 첫날보다 둘째 날 저녁 방문을 고려하는 게 좋다.

부고 문자를 받지 않아도 장례식장에 갈 수 있다. 유가족 입장에선 고인의 사망 소식을 받아들이고 장례식을 준비하느라 정신이 없어 부고 문자를 누구에게 보내야 하는지 곤란한 경우가 많다. 유가족을 대신해 지인이 부고를 전하는 경우도 흔하다. 본인 의지, 상대와의 관계 등을 고려해 언제 조문하러 갈지 결정하자.

옷차림

검정이 기본, 회색도 '인정'이다. 보통 남성과 여성 모두 검은색 정장을 입는다. 옷을 준비할 여유가 없으면 회색이나 어두운 색 정장도 괜찮다. 되도록 화려한 장식이 없는 무채색 정장을 입고 넥타이는 검은색으로 통일하자. 화려한 디자인의 가방이나 액세서리, 진한 화장은 피하는 게 좋다. 치마는 최소한 무릎을 덮는 기장을 권한다. 장례식장에서 맨발을 보이는 건 예의에 어긋나니 반드시 검은색 또는 무채색 양말을 신고 가도록 하자.

2. 장례식장 도착: 어디로 들어가고, 어디에 내?

부의금

장례식장에 도착하면 가장 먼저 호상소(護喪所)를 마주친다. 호상소는 유가족이 부의금을 받고 방명록을 관리하는 공간이다. 호상소에서 방명록을 작성하고 부의금 봉투를 부의함에 넣는다. 부의금 봉투를 준비하지 못했다면 호상소에 비치된 봉투를 이용하자. 봉투에 준비한 부의금을 넣고 봉투 뒷면의 좌측 하단에 이름과 소속을 세로로 적는다. 부의금을 부의함에 넣은 다음, 방명록에 세로로 자기 이름을 적어 보자.

부의금은 10만 원 이하일 경우엔 3만 원, 5만 원, 7만 원 등 홀수 단위로 준비하는 게 일반적이다. 가까운 사이일수록 높은 금액을 내야 할 것 같은 부담을 느끼기 마련이다. 하지만 고인을 애도하는 마음이 중요하니 경제 사정에 맞춰 준비해도 괜찮다. 각별한 사이거나 가족이면 10만 원, 20만 원, 30만 원, 50만 원 등 10만 원 단위도 생각해 보자.

3. 장례식장 진입: 이제 어디서 뭘 해야 해?

분향·헌화

부의금을 냈으면 고인에게 인사드릴 차례다. 신발을 벗고 고인의 영정 사진이 놓인 제단 앞으로 가자. 분향은 오른손으로 향 1개 혹은 3개를 집어 촛불로 불을 붙인다. 불을 끌 때는 '후' 불지 말고 왼손으로 가볍게 부채질하거나 흔들자. 분향을 잡은 오른손을 왼손으로 받치고 향로에 하나씩 꽂는다. 분향 대신 헌화를 하는 장례식장도 있다. 헌화는 오른손으로 꽃줄기를 잡고 왼손으로 오른손을 받친 후, 꽃봉오리가 영정 사진을 향하게 올려둔다.

절

분향·헌화를 마치면 이제 절을 할 차례다. 성별에 따라 절하는 방법이 다르다. 남성은 오른손이 위로 오도록 두 손을 모아 눈높이까지 올린다. 이때 손바닥과 시선은 바닥을 향한다. 그리고 공수한 두 손으로 바닥을 짚고 왼쪽 무릎부터 꿇은 후, 몸을 앞으로 깊이 숙여 절한다. 여성은 왼손이 위로 오도록 두 손을 모았다가, 양쪽 무릎이 동시에 바닥에 닿게 무릎을 꿇고 앉아 공수를 푼다. 그리고 양손으로 무릎 앞쪽 바닥을 짚으며 절한다.

남녀 모두 2번 절한 후 반배(선 자세에서 고개와 허리를 약간만 구부려서 가볍게 하는 인사)한다. 종교적인 이유로 절하는 게 힘들면 묵례만 해도 괜찮다. 절을 마친 후 상주와 맞절한 후 가볍게 목례한다. 이땐 아무 말도 하지 않는 것이 기본이다. 상주와 가까운 사이라면 짧은 위로의 말을 건네도 좋다. 모든 과정을 마쳤다면 두세 걸음 뒤로 물러난 뒤 몸을 돌려 밖으로 나간다.

4. 장례식장 주의사항: 하면 안 되는 건 뭘까?

장례식장은 가벼운 자리가 아닌 만큼 주의사항을 미리 알아 두는 것이 좋다. 장례식장에선 상주와 상제에게 악수를 청하지 않는다. 악수는 반갑고 친밀한 표현이라 장례식과 어울리지 않는다.

유가족에게 계속 말을 걸거나 고인의 사망에 대해 상세히 묻는 것 역시 실례다. 불편한 사실을 묻는 대신 "좋은 곳으로 가셨을 거예요.", "고인의 명복을 빕니다."처럼 조용하고 담담한 위로를 건네는 게 좋다. 장례식장에서 오랜만에 지인을 만나 반가워하는 경우가 많다. 그렇다고 큰 소리로 떠들거나 웃으면 따가운 눈초리를 받을 수 있다. 식사 중 술을 마셔도 좋지만 건배는 하지 않는다.

뒷말 안 나오는 적정한 축의금을 내려면

주변에서 결혼 소식이 들리기 시작하던 어느 날, 김고민 씨 손에도 직장 동료의 청첩장이 쥐어졌다. 처음 받아 본 결혼 청첩장에 감격도 잠시. 옷은 어떻게 입을지, 얼마나 일찍 가야 할지 등 결혼식 참석 초보 김고민 씨의 고민이 시작됐다. 누가 정해 주지 않는 축의금 금액이 가장 난감하다. "마음이 제일 중요해.", "주고 싶은 만큼 주면 돼."라고 하지만 혹시 내 봉투를 열어 본 상대가 실망하진 않을까 머리가 복잡해진다. 축의금 금액을 고민하는 신입 사원 고민 씨를 위해 도움 될 만한 기준을 소개한다.

1. 잘 모르겠으면 5만 원: 축의금계의 스테디셀러

결혼식 축의금의 기준점은 5만 원으로 잡는다. 웨딩홀에 따라 다르지만, 약 4~5만 원에 달하는 식비를 생각하면 적어도 5만 원 이상 준비하는 게 좋다. 결혼정보회사 '듀오'가 2022년 4월 미혼 남녀 300명을 대상으로 진행한 설문조사에 따르면 적정 축의금 액수는 7만 9천 원이었다. 5만 원을 내는 사람들이 48%로 가장 많았고, 그다음 10만 원을 내는 사람들이 40%였다. 결혼식 이후 계속 인연을 이어 가려면 5만 원을 최소 축의금으로 생각해야 한다. 예를 들어 1년에 1번 정도 스치듯 보는 대학교 선배, 가끔 잡담 나누는 옆 부서 과장님이면 5만 원은 나쁘지 않은 선택이다. 종종 연락만 이어 가는 전 직장 동료나 오랜만에 연락해 모바일 청첩장을 준 지인의 경우, 축의금 5만 원을 고려할 만하다.

2. 친하면 10만 원: 축의금으로 의리 인증

주기적으로 만나는 친구나 친하다고 느끼는 지인에겐 축의금 10만 원이 괜찮은 선택이다. 물론 5만 원을 넣어도 우정에 금이 갈 정도의 잘못은 아니다. 하지만 앞으로의 관계를 생각해 나의 친밀감을 표현할 적절한 기회라고 생각하자. 직장에서도 마찬가지다. 부서와 직급에 관계없이 자주 만나고 앞으로도 친하게 지낼 동료라면 축의금 10만 원을 추천한다. 같은 팀 대리님의 결혼식은 5만 원보다 10만 원으로 하는 게 평화로운 직장 생활을 이어 가는 방법일 수 있다.

3. 부모님이 알면 20만 원: 이 정도면 가족

당신이 정말 아끼는 친구, 서로 부모님까지 아는 친구라면 축의금 20만 원을 준비하는 걸 추천한다. 물론 지갑 사정이 좋지 않으면 10만 원도 괜찮다. 20만 원을 고려할 정도라면 친한 친구들끼리 돈을 모아서 신혼집에 필요한 물품을 선물하는 선택지도 있다. 사실 이만큼 친한 사이라면 돈의 액수로 친한 정도를 증명하거나 스스로 우정을 시험하지 않아도 괜찮다. 스스로 적절하다고 생각하는 금액을 선택하거나 평소 꼭 주고 싶던 의미 있는 선물을 준비하자.

4. 황당하다면 패스: 다음 기회에, 아니 다음 생에

청첩장을 받고 당황을 넘어 황당함을 느꼈다면 결혼식 불참도 고민할 만하다. 모바일 청첩장이 보편화되면서 평소 연락 없던 동창 등에게 결혼식 초대를 받는 일이 종종 생긴다. 상대도 내 결혼식에 올지 확신이 들지 않는 관계라면 축의금 5만 원을 내는 대신, 맛있는 음식을 사 먹는 게 나을 수 있다. 퇴사 후 수년간 연락이 끊겼다가 갑자기 결혼 소식을 전하는 전 직장 동료에게 진심을 가득 담은 문장으로 '축하'해 주자.

축의금 내는 곳!

축의금 봉투가 없다고 결혼식장 입구에서 서성일 필요는 없다. 결혼식장 한편에 준비된 축의금 봉투를 찾아 봉투 앞면엔 '축 결혼'같은 축하 문구를 쓰고 뒷면엔 소속과 이름을 세로로 적는다. 상대가 잘 알아볼 수 있도록 한글로 적어도 괜찮다. 초대받은 측의 축의함을 찾아 방명록을 적고 봉투를 넣은 후 식권을 받는다. 축의금을 선물로 대신했다면 식권은 누군가가 따로 챙겨 줄 것이니 걱정하지 말자. 사정이 생겨 결혼식에 불참하게 되었다면 참석하는 지인을 통해 축의금을 전달하는 게 일반적이다. 최근 모바일 청첩장에 적힌 계좌로 축의금만 보내는 경우가 많아지고 있다. 카카오페이 등 모바일 간편 송금 서비스를 이용하기도 하니 참고하자.

산재보험금 받고 몸도 마음도 편히 회복하려면

이런 일이 벌어질 줄이야. 출장 도중 불의의 사고를 당해 병원에 입원한 김고민 씨. 큰 부상이 아니라 다행이라는 생각도 잠시. 병문안을 찾아온 직장 동료들이 들려준 산업재해보험, 일명 '산재' 이야기에 고민이 시작됐다. 고민 씨가 당한 사고가 산재보험에 해당하는지, 회사에서 순순히 보험금을 신청해 줄지 알 수 없다. 인터넷에 검색해도 산재보험금에 대해 알려진 건 많지 않다. 어떻게 하면 좋을지 궁금해하는 김고민 씨를 위해 산재보험에 대해 소개한다.

1. '산재'는 무엇을 의미할까?

산재는 일하다 다쳤을 때 도움받을 수 있는 제도다. 원래는 '산업재해보상보험'이지만 줄여서 '산재'라고 한다. 산재는 5대 사회보험 중 하나로, 우리나라 최초의 사회보장제도다. 직장에서 일하다가 다치거나

(업무상 사고), 일 때문에 병에 걸리면(업무상 질병) 산재를 받을 수 있다.

2. 산재 적용 기준은?

회사에서 업무 도중 사고를 당했다면 산재를 받을 수 있다. 다른 말로 하면 '업무 수행성(업무 수행 중 발생했는가)'과 '업무 기인성(재해자 업무에 기인해 발생했는가)', '근로자성(재해자가 근로자로서 인정받을 수 있는가)' 이 세 가지 기준을 모두 충족시키면 산재를 적용할 수 있다. 건설 현장에서 일하다가 추락 사고를 당했다면 현장에서 일하던 중이니 업무 수행성, 일이 아니면 추락할 일도 없을 테니 업무 기인성을 인정받을 수 있다. 적법한 근로계약을 맺고 일했다면 근로자성까지 갖춰서 산업재해로 인정받을 수 있다.

3. 사고를 당해야만 산재를 받을 수 있나?

그렇지 않다. 주요 우울장애, 불안장애, 적응장애, 외상 후 스트레스 장애, 급성 스트레스 반응도 산재를 받을 수 있는 대표적인 질환이다. 예를 들어 진상 민원인에 시달린 콜센터 직원이 우울증을 앓게 된다면 업무상 질병으로 볼 수 있다. 고객을 상대하면서 심신이 소진했으니 업무 수행성, 일하지 않았으면 고객과 대화할 일도 없을 테니 업무 기인성도 충족한다. 근로계약을 맺은 상태라면 근로자성도 입증돼 산업재해로 인정받을 수 있다. 회식이나 출퇴근길에 발생한 사고에도 산재가 적용된다. 출퇴근과 회식도 일을 지속하는 데 필요한 행위로 판단하기 때문이다.

코로나바이러스감염증-19 같은 감염병도 감염경로가 분명하고 일하는 과정에서 감염되었다면 산재로 인정받을 수 있다.

4. 어떤 도움을 받을 수 있는지 미리 알 수 있을까?

급여로 물질적인 도움을 받을 수 있다. 요양급여와 휴업급여, 간병급여, 장해급여로 구분된다. 요양급여는 산업재해를 겪었을 때 치료에 필요한 비용을 뜻한다. 비급여 진료비를 제외한 대부분 치료비를 받을 수 있다. 휴업급여는 일하지 못하는 요양기간에 받는 급여다. 평균 임금의 70% 정도이므로 월급이 300만 원이면 210만 원 정도 받을 수 있다. 휴업 급여액이 최저임금보다 적으면 최저임금액 기준으로 지급한다. 간병급여와 장해급여는 사고 이후 후유장해가 발생하면 받을 수 있다.

4. 산재 적용을 받는 사업장의 범위 기준은?

산재는 적용 범위가 꽤 넓다. 5인 미만을 포함해서 대부분 사업장에서 산재 적용이 가능하다. 회사가 산재 신청을 막아도 방법이 있다. 회사 동의 없이 직접 근로복지공단에 도움을 신청할 수 있다. 회사는 근로자가 신청한 재해 경위 등 사실관계를 확인해 줄 뿐, 신청하는 주체가 아니다. 회사가 산재 보험료를 안 냈더라도 걱정하지 말자. 근로복지공단이 우선 근로자에게 지급한 다음, 회사에 구상권을 청구해 보험료를 받는다.

5. 산재를 받아도 될까?

사실 한계는 있다. 해당 사업장에서 앞으로 계속 일해야 하는 상황이면 회사 눈치 때문에 신청하지 않는 경우가 많다. 누군가 산재로 쉬게 되면 대체인력이 없어서 남은 사람들 일이 늘기 때문이다. 또 산재 적용 기간엔 해고할 수 없지만 그 이후 불이익을 줄 수도 있다. 고용주가 좋지 않게 볼 수도 있고 다른 직장으로 재취업이 어려워진 근로자도 있다. 우리나라 산재 제도는 사회로 복귀하는 데까지 지원하지 않고 보상에만 집중된 구조라 그렇다.

실제 우리나라는 산재 신청률이 경제협력개발기구(OECD) 국가 평균보다 낮다. 하지만 사망 재해는 평균보다 훨씬 높은 순위다. 도움을 받는 건 꺼리지만 죽음은 숨길 수 없기 때문이다.

6. 산재에 관해 회사에 어떻게 얘기하면 좋을까?

사고를 당한 게 아니라 병을 얻었다면, 산재를 신청해도 보험료가 올라가지 않는다는 사실을 회사에 슬쩍 말해 보면 어떨까. 고용주가 제도에 대해 잘 모르는 경우가 생각보다 많다. 근로복지공단에서 사업주 지원제도를 마련하고 있다. 제도적으로 필요한 걸 갖춰 가고 있으니 한번 알아보자. 산재는 근로자의 피해를 보상해 주는 역할을 하지만, 일하면서 얻은 사고와 질병을 회사가 책임지고 관리해야 한다는 인식을 심어 주는 의미도 있다.

서류 통과 확률 높이는 경력기술서 쓰려면

회사에서 해 온 업무가 갑자기 볼품없게 느껴진 김고민 씨. 이직을 고민하며 경력기술서를 쓸 생각을 하니 눈앞이 캄캄하다. 취직할 땐 대학교 취업지원센터나 취업박람회에서 도움을 받았다. 하지만 경력기술서 쓰는 법은 어디에 물어야 할지 막막하다. 취업한 청년(19~34세) 10명 중 4.6명(2020년 한국청소년정책연구원 보고서)이 이직을 경험하는 시대에 경력기술서의 중요성은 더욱 높아졌다. 김고민 씨의 이직 성공을 위해 경력기술서를 작성하는 '꿀팁'을 소개한다.

1. 양식 찾기

지원하는 회사가 요구하는 경력기술서 양식이 있는지 살펴보자. 양식이 있다면 그에 맞춰 작성한다. 특정 양식이 없을 경우 '재직 회사-업무-성과-이직 사유' 순서로 적는다. 이직을 여러 번 했으면 업무 성과와 이직 사유를 최근 다닌 회사부터 역순으로 적는다.

감점 피하기

기업은 이직이 잦은 지원자를 선호하지 않는다. 특별히 적을 만한 업무나 성과가 없다면 재직 기간 1년 미만인 회사는 적지 않는 게 나을 수 있다.

점수 올리기

문장은 개조식, 두괄식으로 쓴다.

2. 재직 회사 소개

경력과 지원하는 회사의 궁합을 맞춰 보는 첫 단계다. 다니고 있는 혹은 다녔던 회사 이름과 업종, 주요 사업을 간략하게 적는다.

점수 올리기

채용 공고엔 나와 있지 않지만 상장사나 대기업 출신 지원자를 우대하는 회사도 있다. 직원 수, 매출액 등 회사 규모를 적어 주면 더 좋다.

3. 업무 소개

지원하는 직무와 연관된 경력 서술

기업은 실무에 빠르게 투입할 수 있는 인재를 선호한다. 지원하는 직무에 어떤 역량이 필요한지 파악한 뒤, 관련 경력을 중심으로 서술하자. 만약 총무 담당에 지원하는 상황이라면, 이전 회사에서 총무 40%, 인사 60%를 담당했어도 총무 경력 위주로 서술하는 게 좋다.

감점 피하기

구인구직 매칭 플랫폼 '사람인'이 2017년 기업 147개 사를 대상으로 조사한 결과, '나쁜 경력기술서의 특징' 1위로 '지원 직무와 관련 없는 경력 나열(42.9%)'이 꼽혔다. 지원 직무와 상관없는 경력은 아예 쓰지 않는 게 나을 수 있다.

업무 내용을 구체적으로 서술

인사담당자는 경력기술서를 중심으로 지원자 역량을 파악한다. 업무 내용이 구체적이지 않으면, 인사담당자는 당신이 해당 업무에 필요한 역량을 갖췄는지 판단하기 어렵다. 업무 전반을 아우르는 헤드라인을 제시하고 그에 해당하는 세부 내용을 서술하자. 프로젝트 단위 업무가 많으면 각 프로젝트에서 당신이 수행한 역할을 일목요연하게 서술한다. 정기 업무가 많은 사무직이라면 일간·주간·월간·연간 업무를 나눠 정리해 보자.

점수 올리기

업무에 활용할 수 있는 툴(엑셀·각종 ERP, IT 프로그래머의 경우 사용

언어)과 활용 수준을 적으면 더욱 좋다.

업무 경험이 없다면 '적성'과 '성향'을 어필

동일 업무 수행 경험이 없다면 경력을 중심으로 지원하는 직무에 필요한 적성과 성향을 강조하자. 기자로 예를 들어 보자. 기자가 되기 위해 필요한 역량은 '기사 작성'과 '취재'다. 기사 작성과 취재 업무를 해 보지 않은 지원자가 기자 직무에 지원한다면, 경험을 토대로 기자 직무 수행에 필요한 '글쓰기 능력'이나 '직관적인 판단력', '친화력' 등을 어필할 수 있다.

점수 올리기

단순히 사실을 나열하는 것보다 사건·결과·교훈을 아우르는 이야기를 통해 적성이나 성향을 보여 주는 게 좋다.

4. 성과 소개

숫자로 말하라

성과는 수치로 제시해야 설득력이 생긴다. 성과를 설명할 땐 객관적인 자료를 제시하자. 영업 직군이면 매출을 몇 % 늘렸는지 혹은 몇 건의 계약을 성사시켰는지를 언급하자. 마케팅 직군이면 광고 수익률이나 시장 점유율 변화를 성과 지표로 내세울 수 있다. 성과가 겉으로 드러나지 않는 직무라면 비용 절감·업무 효율 개선, 이용자 만족도, 재구매율 등 수치로 환산할 수 있는 성과가 있는지 꼼꼼히 살펴보자.

점수 올리기

성과를 숫자로 보여 주기 어려운 직군이라면 해당 업무를 통해 어떤 역량을 갖췄는지 키워드로 제시하자.

자신의 역할 위주로 서술

인사담당자에겐 '뻥튀기'가 통하지 않는다. 팀 단위 업무에서 팀 성과를 자기 것으로 퉁쳤다가 신뢰도가 떨어지거나 성과가 모호하게 보일 수 있다. 특히 경력이 짧을수록 혼자 수행하는 업무가 많지 않다는 걸 인사담당자는 이미 알고 있다. 팀 활동 내용을 자세히 적는 것보다 자기가 맡은 역할과 성과 기여도를 서술하는 게 좋다.

5. 이직 사유

너무 솔직해도 탈

이직 사유에 이전 직장에 관한 불만을 늘어놓는 건 감점 요소다. 인사담당자에게 '해당 구직자는 이직한 회사에서도 같은 이유로 퇴사할 수 있다'는 인상을 줄 수 있다.

감점 피하기

급여 불만족, 동료들과의 갈등, 과다한 업무, 불안전한 미래. 모두 피해야 할 이직 사유다.

어려우면 '커리어 개발'이나 '직무 전환'으로

이직 사유를 쓰는 게 어려우면 '커리어 개발(유관 업무 이직)' 혹은 '직무 전환(전직)'으로 적는 게 무난하다. 지원하는 기업 특성이나 사업 영역과 연관 지어서 쓰면 더욱 좋다.

점수 올리기

이직 사유는 면접에서도 반드시 나오는 질문이다. 경력기술서 내용과 다르게 답하지 않도록 유의하자.

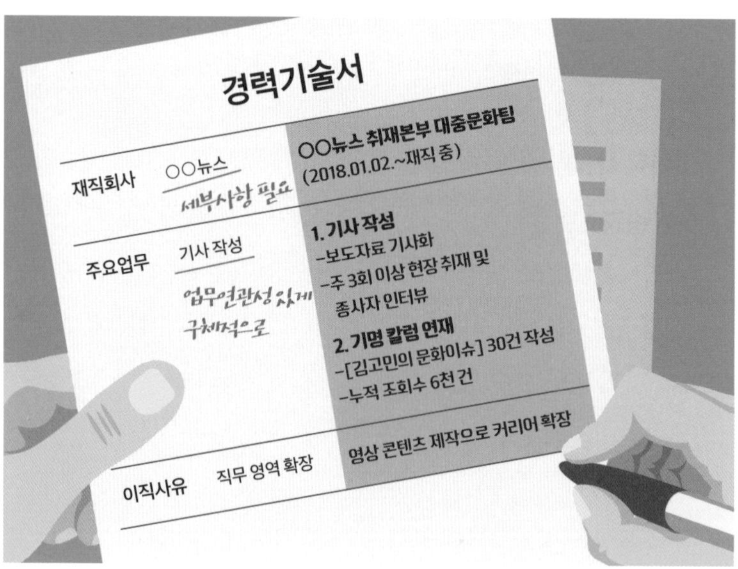

6. 오탈자 확인

마지막으로 경력기술서에 오탈자가 없는지 확인하자. 재직 중 이직을 준비하게 되면 시간적인 여유가 충분하지 않아 오탈자를 내는 경우가 많다. 특히 지원하는 회사나 팀 이름을 잘못 적으면 인사담당자의 마음이 차갑게 식을 것이다.

다시 봐도 부끄럽지 않은 자기소개서 영상 찍으려면

세상이 바뀌었다. 열심히 쓴 경력기술서면 충분할 줄 알았는데 인사담당자가 "60초 이내 자기소개서 영상을 제출하세요."라고 요청했다. 자기소개서 영상을 두고 고민하기 시작한 김고민 씨. 침대에 눕거나 소파에 비스듬히 기대어 기분 좋게 편히 보던 영상을 직접 찍어야 한다니. 최근 서류 전형에서 자기소개서 영상을 요구하는 기업이 늘고 있다는 뉴스를 봤지만 고민 씨 자기 얘기가 될 줄은 몰랐다. 만들어 본 적 없다고 포기하긴 이르다. 처음 만들어도 합격할 수 있는 자기소개서 영상 제작 방법을 소개한다.

1. 대본의 중요성을 잊지 말자

1분은 생각보다 짧은 시간이다. 지원한 직군에 어울리면서 자신을 돋보이게 하는 에피소드를 하나만 고르자. 필요 없는 내용엔 과감하게 빨간 줄을 긋자. 최대한 구체적인 경험과 수치를 말하는 게 좋다. 성실이나 배려처럼 추상적인 예쁜 말보다 "1년 동안 매일 한 끼는 라면을 먹었습니다. 30개국 1천 종의 라면 리뷰를 블로그에 올려 독자의 라면 선택 폭을 넓혀 주었습니다."라는 식으로 설명하자.

자기소개서 대본을 완성한 후, 직접 말하면서 시간을 재 보자. 힙합 오디션이 아니니 랩처럼 빨리 읽지 않아도 된다. 천천히 읽어도 시간이 남으면 내용을 더 추가한다. 불필요한 수식어나 접속사는 되도록 빼자.

2. 이것만 준비하면 촬영 가능

면접관의 시선이 지원자에게 집중될 수 있도록 조용하고 깔끔한 곳을 배경으로 촬영하자. 집에서 촬영할 경우, 무늬가 없는 벽을 찾는다. 밖에서 촬영할 땐 목소리 울림이나 소음이 없는지 확인하고 찍어야 한다. 스터디 룸이나 화상 면접 공간을 빌려서 찍는 방법도 있다. 대학생이면 학교에서 촬영 장비나 장소를 대여해 주는지 알아보자. 옷은 꼭 정장이 아니어도 괜찮다. 깔끔하고 단정한 셔츠나 블라우스를 입어도 좋다.

자연스럽게 의자에 앉거나 일어서서 촬영한다. 촬영에 앞서 카메라가 기울어지지 않았는지, 목소리가 또렷하게 녹음되는지 확인하자. 마땅한 카메라가 없다면 스마트폰으로 찍어도 괜찮다. 삼각대나 스마트폰 거치대를 이용하면 좋다. 미리 높이와 각도를 조절해 최적의 구도를 잡아 보자.

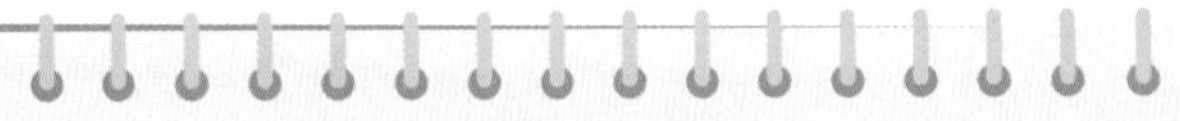

tip 1분 영상 자기소개서 구성

scene	key point	script	time
#01	**간결한 자기소개** (짧은 수식어 덧붙여도 좋음)	안녕하세요. ○○기업 공채에 지원한 (준비된 일개미) 김고민입니다.	10sec
#02	**지원동기 / 포부**	○○기업은 □□분야에서 변화를 선도하고 있습니다. 저는 □□분야에 관심과 직무 경험이 있습니다. ○○기업에서 제 능력을 발휘하고자 지원했습니다.	10sec
#03	**관련 직무 경험 / 강점**	△△경험을 통해 □□분야에 관심을 두게 되었습니다. 대학 재학 중 ◇◇에서 ○○을 했습니다. 특히 ○○학회에 참여해 현황분석을 담당했습니다. 여기서 ○○에 대해 의견을 냈고, 긍정적으로 받아들여져서 ○○한 성과로 이어졌습니다.	30sec
		제 강점은 ○○입니다. 이를 활용해 ○○하는 데 자신이 있습니다.	
#04	**강조하고 싶은 점**	제게는 조직에 잘 융화하는 친화력이 있습니다. ○○기업에 입사해 제가 속한 부서와 회사에 긍정적인 영향을 주고 싶습니다.	10sec

3. 면접관에게 좋은 인상을 주려면

정확한 목소리와 깔끔한 제스처로 좋은 인상을 주는 게 중요하다. 카메라 앞에서 어색해하지 않는 게 좋다. 입을 크게 벌리고 내뱉듯이 말해 보자. 입 모양을 크게 하면 발음이 또렷해지고 목소리도 커진다. 강조하고 싶은 대목에선 더 크고 천천히 말해 보자. 듣는 사람이 저절로 그 부분에 집중하게 된다. 정자세에서 배꼽 바로 위에 손을 얹으면 안정적으로 보인다. 제스처는 가슴과 배 앞을 벗어나지 않는 범위에서 하는 게 좋다. 손을 떨거나 수시로 고개를 갸우뚱거리는 등 습관적인 제스처는 지양하자.

4. 합격자는 장비를 탓하지 않는다

컴퓨터 없이 스마트폰만으로도 촬영과 편집을 모두 할 수 있다. 영상에 자체 로고가 남지 않는 무료 편집 애플리케이션을 이용하자. 키네마스터, 비바비디오, 블로 등이 있다. 기본적인 컷 편집은 물론 자막과 사진도 넣을 수 있다.

왕초보 영상 편집 팁

자막 넣기

영상에 자막이 있으면 보기 편하고 기억에도 오래 남는다. 흰 박스에 검은 글씨를 넣은 자막이 깔끔하다. 기본 폰트인 굴림체도 좋지만, 제출까지 여유 있다면 영상과 잘 어울리는 폰트를 쓰는 걸 추천한다.

PIP(Picture in Picture) 효과 활용하기

영상이 밋밋하다면 이미지나 동영상을 넣어 보자. 캡처 화면이나 적절한 이미지를 첨부할 수 있다. 아니면 자기 SNS 피드나 대외활동 사진 등을 영상에 첨부해도 효과적이다. 이미지보다는 영상이 더 눈길을 끌 수 있다. 스마트폰의 화면 녹화 기능을 이용해 SNS 피드나 블로그를 스크롤 하는 화면을 넣는 것도 좋은 방법이다.

화면 전환 효과 넣기

한 번에 찍었지만 잘라 내고 싶은 장면이 있다면 화면 전환 효과를 이용해 보자. 컷과 컷 사이를 자연스럽게 연결할 수 있다. 무료 영상 애플리케이션에선 이전 장면과 다음 장면이 겹치며 전환되는 디졸브(dissolve) 효과를 많이 사용한다.

똑똑하고 깔끔하게 실업급여 받으려면

김고민 씨가 다니는 회사가 갑자기 사무실을 옮겼다. 1시간이던 통근 시간이 왕복 3시간 30분으로 늘었다. 새벽 일찍 일어나 지옥철을 타고 출퇴근하는 하루하루. 버티고 버티던 김고민 씨는 결국 사직서를 내기로 결심했다. 아직 이직할 회사를 정하지 못해 당장 퇴사하면 월급 없이 어떻게 살아야 하나 걱정하던 중, 실업급여가 떠올랐다. 고민 씨는 실업급여를 받을 수 있을까. 고민 씨가 실업급여 수급 대상에 포함되는지, 얼마나 받을 수 있는지 알아보자.

1. 실업급여 대상인지 확인

실업급여를 받으려면 다음 네 가지 조건을 충족해야 한다. 고용보험 홈페이지에 접속해 '고용보험제도 〉 개인혜택 〉 실업급여안내 〉 자격확인'을 차례로 클릭하면 자기가 실업급여 대상에 해당하는지 알 수 있다.

현재 실업자

일할 능력과 의사가 있지만 취업하지 못하는 상태여야 한다. 본인이 영리 목적으로 사업을 시작하면 제외된다.

근로일 수 확인

근로일이 퇴사일 기준 18개월(일주일에 15시간 미만으로 일했다면 24개월) 이내 피보험 단위 기간이 180일 이상이어야 한다. 피보험 단위 기간은 보수가 지급된 날을 의미한다. 실제 노동하지 않은 유급휴일과 휴업수당을 받은 날도 피보험 단위 기간에 포함된다. 자신의 피보험 단위 기간은 실업급여 신청 서류인 '이직확인서'에서 확인할 수 있다.

실업 사유

스스로 퇴사를 원한 경우가 아니어야 실업급여를 받을 수 있다. 그만둔 이유가 회사에 있어야 한다. 자기 의지로 사표를 냈다면 수급 대상이 아니지만, 자발적 퇴사자의 예외 사례에 포함될 수도 있다.

적극적인 재취업 노력

실업급여는 재취업 기회를 마련하는 취지의 제도다. 실업급여를 받으려면 취업하기 위한 노력을 증명해야 한다. 실업급여 신청 후 고용센터에서 안내하는 절차에 따라 증명하면 된다.

2. 자진 퇴사 예외 사례인지 확인

자진 퇴사했다면 실업급여를 받을 수 없다. 하지만 고용노동부 판단에 이직 사유가 '정당'하면 실업급여 대상이 된다.

예외 사례는 왕복 3시간 이상 통근이 어려워진 경우, 1년 2개월 내 임금체불 혹은 주 52시간 초과 근무, 직장 내 괴롭힘, 부모나 동거 친족의 질병으로 30일 이상 본인이 간호해야 하는 기간에 사업장의 사정상 휴직이 허용되지 않는 경우, 임신·출산·자녀 육아·의무복무 등 업무 수행 어려운 경우, 건강상 이유로 업무 수행이 곤란해진 경우, 업무상 재해 등 질병으로 인해 업무 수행이 곤란한 경우 등이 있다. 회사의 폐업으로 이직 전 이직 회피 노력을 다했으나 사업주 사정으로 더 이상 근로하는 게 곤란한 경우, 이직의 불가피성을 인정해 수급 자격을 부여한다.

김고민 씨는 '왕복 3시간 이상 통근이 어려워진 경우'에 해당돼 실업급여를 받을 수 있다. 고용노동부는 시행규칙 제101제 제2항 별표2에 따라 ①회사가 이사하는 경우 ②지역이 다른 사업장으로 전근 가는 경우 ③배우자/부양해야 할 친족과의 동거를 위한 거소 이전 ④그밖에 어쩔 수 없는 이유들을 통근이 힘들다고 판단한다.

3. 실업급여 금액 계산

고민 씨는 실업급여로 얼마를 받을 수 있을까. 실업급여는 '퇴직 전 평균임금의 60%×소정급여일수'로 계산해 지급한다. 단, 퇴직 전 평균임금의 60%는 상한액을 66,000원, 하한액을 60,120원으로 제한한다.

평균임금은 퇴사 직전 3개월 동안 받은 월급을 모두 더한 액수를 근무일로 나눈 값이다. 소정급여일수는 정부가 정한 실업급여 수급 기간이다. 연령과 고용보험 가입 기간에 따라 최소 120일에서 최대 270일까지 실업급여를 받을 수 있다. 고용보험 홈페이지에서 '실업급여 모의계산'을 이용하면 실업급여 금액을 예상해 볼 수 있다.

김고민 씨는 2021년 1월 1일부터 12월 24일까지 하루 8시간씩 근무했다. 그의 월 평균임금은 200만 원이다. 이 경우 일일 평균임금은 65,934원이다. 여기에 60%를 적용하면 39,560원이 된다. 따라서 김고민의 실업급여 계산에는 하한액 60,120원이 적용된다. 고용보험을 1년 미만 가입한 사람의 소정급여일수는 120일이다. 고민 씨의 실업급여 총 예상 수급액은 721만 4,400원이다. 4개월 동안 월 180만 3,600원 정도를 받는 셈이다.

4. 실업급여 신청 과정

실업급여 수급 대상자인지 확인했으면 다음 순서를 따라가면 된다. 실업급여는 퇴사 후 되도록 빨리 신청하는 게 좋다. 퇴사 다음 날부터 1년 안에 신청해야 지급받을 수 있기 때문이다. 늦게 신청하면 전액을 받지 못할 수도 있다.

2021년 12월 24일 퇴사한 김고민 씨는 실업급여 수급기간이 8개월이라면, 2022년 4월 30일까지 신청해야 지급액을 모두 받을 수 있다. 2022년 7월에 신청하면 12월까지 6개월분만 받게 된다.

필요 서류 준비

이직확인서와 고용보험 피보험자격 상실 신고서가 필요하다. 직접 준비하지 않아도 된다. 두 서류 모두 퇴직한 회사에 요청하면 회사가 관할 고용센터로 전송해 처리한다. 서류 요청을 받고도 10일 이내에 발급하지 않으면 회사가 과태료를 물게 된다. 이직확인서는 고용보험 홈페이지에서 '로그인 〉 개인서비스 〉 이직확인서 처리여부 조회'로 들어가면 확인 가능하다. 피보험자격 상실신고서는 근로복지공단 고용 산재보험 토털서비스 홈페이지에서 '자주 찾는 서비스 〉 사업장 피보험자격신고 현황'에서 찾을 수 있다.

구직 신청

구직 신청을 해야 한다. 워크넷 홈페이지에서 '로그인 〉 구직 신청하기'를 누른다. 연락처 및 구직 신청 정보를 입력하고 기본 이력서까지 작성해 업로드하면 된다.

수급자격 신청자 온라인 교육

수급자격 신청자 온라인 교육을 이수해야 한다. 고용보험 사이트에서 '개인서비스 〉 수급자격 신청자 온라인 교육 메뉴'로 이동해 동영상을 시청하면 된다.

수급자격 신청서 인터넷 제출

수급자격 신청서를 제출해야 한다. 고용보험 사이트에서 '로그인 〉 개인서비스 〉 수급자격 신청서 인터넷 제출'에서 처리할 수 있다. 인터넷 제출이 어려우면 거주지 관할 고용복지 플러스센터에 직접 신청서를 제출하면 된다. 이때 '실업 크레딧' 희망 여부를 선택할 수 있다. 실업 크레딧은 실직 기간에 국민연금 납부를 보조해 주는 제도다. 실업 크레딧을 신청하면 연금가입 기간으로 인정받는다. 국가에서 국민연금 보험료 75%를 지원하므로 본인 부담금 25%만 납입하면 된다.

고용복지플러스 센터 방문

거주지 관할 고용복지플러스센터에 방문해 실업을 신고하고 구직급여 수급 자격 신청을 완료하면 된다.

실업인정 신청

수급 자격을 인정받으면 이후 취업을 위해 노력한 사실을 증명해야 한다. 1~4주마다 고용센터를 방문해 실업인정 신청하면 된다. 코로나19 확산으로 최근엔 고용센터에 직접 방문하는 대신, 매달 정해진 날짜에 온라인으로 신청한다.

소중한 퇴직금 1원도 놓치지 않고 잘 받으려면

회사를 그만두기로 결심한 김고민 씨는 실업급여에 이어 퇴직금이 궁금해졌다. 고민 씨도 모르게 차곡차곡 성실히 쌓인 퇴직금은 얼마나 될까. 30년 장기 근속한 부장님만큼은 아니어도 새로 취직할 때까지 버틸 수 있게 해 주지 않을까. 마음은 가볍게, 주머니는 무겁게 퇴사하고 싶은 고민 씨를 위해 근로자가 알아 두면 좋은 퇴직금의 기본사항을 소개한다.

1. 퇴직금 계산 방법: 퇴직금을 많이 받는 달이 있다?

자기가 받을 퇴직금을 고용노동부 홈페이지에서 미리 계산할 수 있다. 입사일과 퇴직일을 넣어 총재직 일수를 확인하고 퇴직 전 3개월 임금 총액을 세전 기준으로 적는다. 연간상여금과 연차수당까지 넣으면 1일 평균임금과 통상임금을 기반으로 예상 퇴직금을 확인할 수 있다.

퇴직금엔 근무 기간과 퇴직 전 3개월의 평균임금이 결정적인 영향을 미친다. 평균임금은 일정 기간에 받은 임금 총액을 그 기간의 총일수로 나눈 금액을 뜻한다. 그래서 급여 인상 직후나 근무 일수가 적은 2월이 포함된 3~4월에 퇴직하면 더 많은 퇴직금을 받을 수 있다. 평균임금보다 통상임금이 더 높으면 통상임금을 적용한다.

대략 계산해 보면 1년 근무 시 한 달치 월급, 10년 근무 시 10개월치 월급을 한 번에 퇴직금으로 받는다고 생각할 수 있다. 예를 들어 지난해 5월 9일부터 하루 8시간씩 주 5일 근무한 아르바이트생이 올해 5월 9일까지 365일을 일했다고 하자. 올해 최저시급은 8,720원, 최근 월급으로 182만 2,480원을 받았다면 예상 퇴직금은 184만 2,930원이 된다.

사례 1 퇴직금을 생각보다 적게 받았다. 알고 보니 육아휴직 기간에 적게 받은 임금이 퇴직 전 평균임금에 들어가서 그렇다고 한다. 이럴 줄 알았으면 퇴직을 미뤘을 텐데 아쉽다. 원래 이런 걸까?

☑ 좋은 예

(웃으며 문제점 지적) "이번에 퇴직금 산정된 걸 봤더니 제 육아휴직 기간 임금이 포함돼 있더라고요. 근로기준법 시행령 제2조에 보면 출산 전후 휴가 기간이나 육아휴직 기간은 평균임금 산정 기간과 임금 총액에서 제외한다고 적혀 있습니다. 그 외에도 업무상 부상 및 질병으로 쉬거나 근로자 수습 시작 후 3개월도 평균임금 산정에서 제외되는 것 같더라고요. 확인해

보시고 퇴직금을 다시 산정해 주시면 감사하겠습니다."

☒ 나쁜 예

(빠르게 체념) "그동안 육아휴직도 허락해 주시고 퇴직금도 챙겨 주셔서 감사해요. 앞으로도 좋은 회사 만들어 주세요. 다음에 한번 놀러 오겠습니다."

2. 퇴직금 지급 조건: 아르바이트생에게도 퇴직금이 있다?

기본적으로 모든 근로자에겐 퇴직금을 받을 권리가 있다. '근로자퇴직급여 보장법'에 따르면 근로자를 고용한 모든 사업장에선 근로자의 안정적인 노후 생활을 보장하기 위해 하나 이상의 근로자 퇴직급여제도를 설정해야 한다.

단, 몇 가지 조건이 있다. 퇴직하는 근로자가 ①계속근로기간 1년 이상일 것, ②매주 15시간 이상 일할 것, ③고용주의 지시를 받고 일할 것에 모두 포함돼야 한다. 유학 등 개인 사유로 인한 휴직 기간은 근로 기간에 포함되지 않는다. 고용주가 원하는 근로 형태를 제공한 게 아니면 프리랜서로 분류돼 퇴직금을 받을 수 없다. 하지만 계약 형식은 근로자성을 인정하는 기준이 아니기 때문에 인턴과 수습 기간도 근로 기간에 포함된다.

사례 2 3년 동안 일한 카페의 사장이 아르바이트생에겐 퇴직금을 줄 수 없다고 통보했다. 일을 시작할 때 기본 계약 조건만 얘기했을 뿐 퇴직금 얘긴 하지 않았고 계약서도 쓰지 않았다. 급여는 매달 통장으로 입금됐다. 아르바이트생은 원래 퇴직금을 못 받는 건가?

☑ 좋은 예

(조곤조곤하게 할 말 시전) "사장님, 제가 알기로는 아르바이트생도 근로자에 해당합니다. 근로기준법에 따르면 근로자란 직업의 종류에 관계없이 임금을 목적으로 사업이나 사업장에 근로를 제공하는 사람을 뜻하거든요. 근로자성을 획득하지 못하는 경우는 친족이거나 우체국 보험관리사, 골프장 캐디처럼 직접 지휘·감독을 받는 종속 관계가 아닌 경우에 해당합니다. 전 사장님과 가족이 아니고 직접 시키는 일을 수행했으니 퇴직금 지급 기준을 충족합니다. 구두계약도 계약의 일종으로 볼 수 있고, 제가 그동안 근무해서 월급을 받은 기록도 통장에 남아 있어요. 늦지 않게 마지막 월급을 포함한 퇴직금을 입금해 주시기 바랍니다."

☒ 나쁜 예

(고분고분하게 끄덕끄덕) "사장님이 그렇게 말씀하시니 할 수 없네요. 마지막 근무일까지 급여만 잘 챙겨 주세요. 그동안 감사했습니다."

사례 3 이번 달까지 일하고 퇴사하는데 회사 대표가 퇴직금을 못 주겠다고 선언했다. 입사할 때 이 회사엔 퇴직금 제도가 없다고 이미 안내했다며 주장하는데 어떻게 해야 하지?

☑ **좋은 예**

(차분하게 경고) "제 퇴직금을 ○월 ○일까지 주십시오. 1년 이상 기간 동안 15시간 이상 일한 근로자에게 퇴직금을 주지 않는 것은 법에 어긋난다는 거 아시죠? 제 퇴직일로부터 14일까지 퇴직금을 지급하지 않으시면 고용노동부에 진정하겠습니다. 그래도 늦어진 기간만큼 20% 이자가 포함된 퇴직금을 주지 않으신다면 어쩔 수 없이 근로기준법 위반으로 대표님을 고소하고 민사 소송을 진행해 제 퇴직금 채권 권리를 행사할 거예요. 근로자퇴직급여보장법 제44조에 따라 3년 이하의 징역 또는 2천만 원 이하의 벌금을 받을 수 있으니, 퇴직금을 제 통장에 입금해 주시기 바랍니다."

☒ **나쁜 예**

(이에는 이, 분노엔 분노) "대표님, 지금 제정신이십니까? 퇴직금을 못 주겠다니요. 그런 식으로 하시면 저도 잡플래닛이나 블라인드에 회사에 대해서 나쁘게 글을 올릴 거고 경찰서에 가서 불법 행위로 신고하겠습니다. 알아서 하세요!"

3. 퇴직금 중간 정산: 퇴직금을 미리 받을 수 있다?

재직 중에도 퇴직금을 미리 받을 수 있는 퇴직금 중간 정산 제도가 있다. 가계자금 활용 등 근로자에게 갑자기 목돈이 필요한 경우에 도움을 주는 제도다. 누구나 언제든 받을 수 있는 건 아니다. 퇴직금 중간 정산 조건에 맞아야 하고, 강제성이 없어서 신청해도 회사에서 승낙하지 않을 수 있다.

퇴직금 중간 정산을 받을 수 있는 사유는 10가지가 넘는다. 무주택자가 주택을 구입하거나 거주를 목적으로 전세금 또는 보증금을 부담하는 경우, 부양가족이 6개월 이상 요양을 필요로 하는 질병이나 부상에 대한 의료비가 근로자 연간 임금의 12.5%를 넘는 경우, 정년 연장을 위해 임금을 줄이는 경우 등이니 자기에게 해당되는 사유가 있는지 살펴보자.

사례 4 연카드 값을 못 갚아서 신용회복위원회를 통해 신용회복 절차를 밟고 있다. 퇴직금 중간 정산 제도를 알게 되어 받으려고 했더니 회사에서 거부했다. 돈을 더 달라는 것도 아닌데 너무하다. 퇴직금은 어차피 내가 받을 돈 아닌가? 너무 답답한데 고소하면 받을 수 있을까?

☑ 좋은 예

(현실 자각 후 사회생활) "제가 더 확인해 보고 요청했어야 하는데 죄송합니다. 중간 정산 사유를 찾아보니 '5년 이내에 근로자가 개인회생절차개시 결정받은 경우'에 중간 정산을 받을 수 있더라고요. 아직 그 정도까진 아니니 얼른 신용도를 회복해서 근무에 집중할 수 있도록 노력하겠습니다."

☒ 나쁜 예

(자포자기 및 어설픈 협박) “제가 이렇게 힘든데 제 마음도 몰라주시고 너무합니다. 중간 정산 받으면 더 열심히 일하려고 했거든요. 이렇게 된 이상 소송도 갈 수 있으니 각오하세요.”

퇴사 후 귀농 생활을 결심했다면

퇴사를 앞둔 김고민 씨는 퇴사 후 농사를 지을까 싶다. 고민 씨는 진지하다. 부모님과 고민 씨 모두 도시에서 자라 제대로 된 농사 경험은 없지만, 틈틈이 연차 휴가를 사용하여 농사 체험 프로그램에 참여했다. 국가에서 청년에게 지원해 주는 귀농 지원금도 알아봤다. 귀농을 고민하는 고민 씨를 위해 청년 귀농에 대한 정보와 경험담을 소개한다.

1. 원하는 농촌 라이프 찾기

도시를 떠나 농촌에서 살고 싶은 생각이 들면, 먼저 파악해야 할 것이 있다. 내가 '귀농인'이 되고 싶은지, '귀촌인'이 되고 싶은지를 알아야 한다. 귀농과 귀촌은 다르기 때문이다. 시골 마을에서 뭘 하면서 지내고 싶은지에 따라 귀농이 될지 귀촌이 될지 달라진다.

농사를 짓고 싶으면 귀농, 농촌 생활을 즐기고 싶으면 귀촌이다. 영화 〈리틀 포레스트〉엔 도시를 떠나 시골로 돌아온 혜원(김태리)과 재하(류준열)의 모습이 등장한다. 고향에서 다양한 시골 생활을 즐기는 혜원은 귀촌인, 체계적으로 농사에 전념하는 재하는 귀농인으로 볼 수 있다.

농촌에서 할 수 있는 게 뭔지, 수많은 농촌 중 어딜 고를지 모르겠다면 농림축산식품부가 지원하는 '농촌에서 살아보기 프로그램'을 참고하자. 농촌 생활을 직접 경험해 보고 지역에 어떻게 자리를 잡아야 할지 체험 가능하다. 최대 6개월까지 마을 두 곳을 골라 살아 볼 수 있다. 숙박이 제공되며 별도 참가비는 없다. 개인 물품 및 지내는 동안의 식사만 개인적으로 해결하면 된다.

마을별로 귀농형과 귀촌형으로 다르게 운영한다. 귀농형 체험 마을에선 옥수수나 감자 등 작물을 수확하고 판매하는 과정을 체험해 볼 수 있다. 농가주택을 짓는 방법이나, 농사지을 작물을 고르는 법 등 귀농에 필요한 지식을 기초부터 습득할 수 있다.

체험이 가능한 마을은 귀농귀촌종합센터 홈페이지에서 확인하고 신청할 수 있다. 만 18세 이상의 동(洞)지역 거주자가 대상이다. 체험을 신청하면 전화나 화상 면접을 거쳐 참가 여부를 결정하게 된다. 면접에선 참여하고 싶은 이유를 설명하고 귀농과 귀촌에 대한 의지를 드러내면 된다.

2. 농사 실무 능력 키우기

어디에 정착하고 싶은지, 어떤 방식으로 농사 짓고 싶은지 정했다면 농사 실무 능력을 키우는 프로그램을 알아보자. 귀농귀촌종합센터에서 운영하는 만 40세 미만 청년 창업농부 대상 맞춤형 교육, '청년 귀농 장기교육'은 농사 경험이 부족한 청년을 대상으로 실습 중심 교육을 진행하는 프로그램이다. 전국에 15개 기관이 있고, 교육 기관별로 다양한 프로그램을 운영한다.

실제 농사를 지을 수 있도록 6개월간 특정 작물을 골라 집중적으로 교육한다. 예를 들어 사과 농사를 기초부터 재배까지 체계적으로 알려주는 식이다. 교육비의 70~80%를 정부 자금으로 지원받을 수 있다. 실습 기간 중 농사 돕기 아르바이트도 연계하기 때문에 나머지 자기부담금과 용돈을 마련할 수 있다. 자기부담 금액을 걱정하지 않아도 된다. 청년 귀농 장기교육 외에도 귀농귀촌종합센터에서는 농산업 최신 트렌드나 농산업 재무회계, 혁신적 창농 아이템 기획을 지원하는 프로그램을 제공한다.

3. 농지은행에서 농사지을 땅 득템하기

농지 임대와 매매를 중개해 주는 '농지은행'이 있다. 은퇴한 농업인이나 농업이 곤란하지만 토지가 있는 사람의 토지를 청년농이나 창업농에게 연결해주는 곳이다. 농지은행 홈페이지에서 귀농하려는 지역의 농지를 희망 가격, 농사지을 작물, 면적별로 조건에 맞게 구할 수 있다.

4. 귀농 자금 구하기

귀농에서 중요한 문제 중 하나가 바로 귀농 자금이다. 정부의 귀농 지원금을 받거나 저금리로 정책 대출 자금을 받을 수 있다. 귀농 관련 교육을 일정 시간 이수해야 지원금 심사와 대출 자격 요건을 충족할 수 있다.

청년후계농 영농정착지원사업

정착할 지역을 정했고 농사 계획이 뚜렷하다면 신청할 수 있다. 농림축산식품부에 농사 계획서를 제출하고 선발되면 지원금을 받을 수 있다. 만 18세 이상에서 만 40세 이하, 영농 독립경영 경력이 3년 이하면 지원 가능하다. 지원 금액은 영농 기간에 따라 달라진다. 1년 차는 월 100만 원, 2년 차는 월 90만 원, 3년 차는 월 80만 원이다. 단, 이 자금은 농가경영비나 생활자금으로만 사용해야 한다. 농지나 농기계처럼 개인자산이 될 만한 물품은 살 수 없다. 바우처 카드 방식으로 지급하며 현금인출이나 계좌이체는 불가하다.

농업창업과 주택구입 지원사업

지원금으로 부족해 추가적인 자금이 필요한 경우, 귀농인을 위한 저금리 대출을 이용해 볼 수 있다. 귀농인이 안정적으로 정착할 수 있도록 농업창업 및 주거 공간 마련 자금을 지원해 주는 사업이다. 귀농할 지역의 주소지 관할 시·군(또는 농업기술센터)에서 신청할 수 있고, 매년 1월과 6월, 연 2회 접수를 받는다. 신청할 지역의 일정을 미리 꼼꼼히 체크해 두는 게 좋다.

농업창업 자금 대출은 가구당 3억 원 한도 내에서 받을 수 있으며, 주택 구입이나 신축 및 증·개축 자금은 가구당 7,500만 원 한도다. 대출 금리는 연 2%(또는 변동금리)로 5년 거치 시, 10년 상환 방식이다.

지역마다 다른 혜택 점검

두 가지 대표적인 자금 지원 외에 지역별로 귀농자를 위한 개별 지원자금을 운영하는 경우가 많다. 정착 지역을 정하기 전, 어느 지역에 자기에게 적절한 혜택이 더 많은지 꼼꼼히 알아보자.

2부

혼자 사는 건 처음이라

; 돈 벌었으니 이젠 독립할 차례

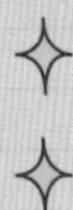

305만 6,062가구. 행정안전부가 2022년 8월 행정안전통계연보(2021년 12월 31일 기준)에서 발표한 20·30대 1인 가구 숫자다. 전체 1인 가구가 늘어나는 추세지만, 20·30대 1인 가구 수 역시 꾸준히 증가해 처음으로 300만 가구를 넘었다. 전체 1인 가구에서 20·30대가 차지하는 비중 역시 32.3%로 5년 전인 2017년 기록한 29.4%보다 2.9% 증가했다. 4인 가구가 가장 큰 비중을 차지한 과거와 달리, 요즘은 청년들이 활발하게 독립한다고 볼 수 있다. 이젠 직장을 다니면서 부모님과 함께 살다가 결혼하며 2인 가구로 독립하는 일보다 더 일찍 1인 가구로 독립하는 일이 흔해진 것. 어떻게든 집에서 탈출하려고 영혼까지 자금을 끌어 모아 열심히 버티는 청년 직장인이 늘어난 분위기다.

독립하면 즐거운 일만 가득할 거라 생각할 수도 있지만, 안타깝게도 행복만 가득한 건 아니다. 취직할 때와 다른 의미로, 아무것도 모르는 어린 양이 또 한 번 세상에 내던져졌다고 볼 수 있다. 회사에선 사내 규칙을 배우고 동료에게 물어볼 수 있지만, 독립에 대해서는 혼자 세상의 규칙을 배워야 하고 물어볼 곳도 마땅치 않다. 처음 겪는 낯선 상황을 홀로 돌파하고 있으면 세상이 날 돕지 않는다는 생각이 들 수도 있을 것이다.

PART2에선 누구나 처음 독립할 때 마주치는 일들을 다룬다. 지금까지 다닌 학교나 학원에선 어떻게 집을 구하고 혼자 잘 살 수 있는지 알려 주지 않았다. 각자 입장과 취향이 다르고 겪는 상황도 다르기 때문에 주변에 물어봐도 속 시원한 답을 얻기 쉽지 않을 것이다. 곧바로 행복이 찾아오는 것도 아니다. 새로운 환경에 적응하는 시간과 노력 그리고 비용이 필요하다. 대부분 스스로 해내야 하고, 완전히 혼자가 되어 시간을 보내는 건 만만한 일이 아닐지 모른다.

PART2를 읽고 나면 별일 없이 독립해서 즐겁게 지낼 수 있는 힌트를 발견할 수도 있을 것이다. 어떤 상황과 고민을 마주칠지 알 수 있고, 겪지 않아도 될 위기 상황을 미리 감지해 대비할 수 있을 테니까. 혼자 외로움을 겪지 않고 조금 더 행복해지는 방법을 알아보자. 무엇보다 혼자 살겠다는 결심을 공개했을 때 듣게 될 온갖 잔소리와 '라떼' 이야기에서 벗어나 편하고 쉽게 독립 꿀팁을 득템할 수 있는 게 이 PART의 장점이다.

PART2는 혼자 살 집을 구하고 계약하는 과정까지 안내한다. 혼자 집에서 무엇을 하면 좋은지, 집에서 가장 확실한 행복을 주는 게 무엇인지도 함께 제시한다.

아직 독립하고 싶은 생각이 없어도 읽어 두면 도움이 될 수 있다. 혼자 사는 삶의 매력을 발견할지도 모른다. 부모님에게서 벗어나 자유를 얻는 게 얼마나 고된 일인지, 나아가 어떤 행복한 삶을 만날 수 있는지 알게 된다면 혼자가 되는 걸 보다 자연스럽게 받아들이게 될 것이다.

부동산에서 당당하게 인생 첫 전세계약 하려면

돈을 차곡차곡 모으다 인생 첫 독립에 나선 김고민 씨에게 피할 수 없는 난관이 다가온다. 바로 '임대차계약서'에 도장을 찍는 일이다. 경험 많은 부모님과 같이하면 그나마 안심되겠지만, 홀로 계약해야 하는 고민 씨는 마음 한구석에 피어오르는 불안감을 감출 수 없다. 공인중개사에게 도움받을 수 있는 부분도 있겠지만 고민 씨가 스스로 확인해야 하는 내용도 있다. 어떤 내용인지 살펴보자.

1. 진짜 공인중개사인지 확인부터

큰돈이 오가는 만큼 거래를 중개하는 공인중개사 역할이 중요하다. 특히 임대차계약의 허점을 개인이 모두 잡아내긴 사실상 어려우니, 믿고 도움받을 공인중개사가 필요하다. 먼저 공인중개사 사무실이 국가에 정식으로 등록됐는지 확인해야 한다. 간판이나 명함 등에 명시된 공인중개사 사무실 등록번호를 '국가공간정보포털' 홈페이지에 입력하면 등록 여부를 바로 확인할 수 있다.

2. 계약 전 전셋집 매매가 확인은 필수

잔금은 물론, 계약금 지급 전에 전셋집 매매가를 확인해야 한다. 매매가는 KB부동산 시세, 네이버 부동산 평균시세, 국토부 실거래가격 정보 등을 통해 확인할 수 있다. 다만 최근 거래가 없어 매매가를 확인하기 어렵다면 공시지가(정부가 평가한 가격)를 기준으로 매매가를 산출해야 한다. 매매가가 '최소한 내 전세금+다른 호수의 전세금(다가구 주택의 경우)+은행 대출금'보다 커야 한다. 비슷하거나 적다면 계약하지 않는 걸 추천한다.

다가구주택의 다른 호수 전세계약 현황을 파악하고 싶다면 공인중개사에게 요청해야 한다. 2021년 6월부터 시행된 전월세 신고제 관련 자료가 축적되면 나중엔 공인중개사를 거치지 않고도 확인할 수 있게 될 것이다.

건물 소유권 관련 내용이 나와 있는 등기부등본 '갑구'. 이 갑구에서 압류나 가처분과 같은 내용이 있으면 거래를 피하는 것이 좋다. 다만 말소된 압류나 가처분 등의 내용은 삭제된 것이란 걸 알아 두자. 해당 등기부등본에선 가압류와 압류가 들어왔지만, 모두 말소되고 소유권이 넘어간 내용을 확인할 수 있다.

3. 등기부등본 '처분'과 '압류'는 피해야

임대차계약, 매매계약을 할 때는 등기부등본을 꼭 확인해야 한다. 인터넷을 통해 700원이면 발급이 가능하다. 등기부등본을 발급하면 표제와 갑구, 을구로 구분돼 있다. 표제에는 해당 건물의 소재지, 구조, 용도 등의 내용이 담겼다. 갑구에는 소유권에 대한 권리관계가, 을구에는 은행 대출에 따른 저당권, 전세권 설정 등이 적혀 있다. 갑구에 가처분, 가압류, 압류 등의 내용이 있는지 유심히 봐야 한다. 만약 갑구에 이 같은 내용이 있으면 계약을 포기하고 다른 집을 알아보는 게 좋다.

을구에선 집을 담보로 은행에서 대출받은 내역을 확인할 수 있다. 을구에 근저당권 설정이라는 이름으로 금액이 적혀 있으면 은행이 해당 금액만큼 집의 권리를 갖고 있다고 생각하면 된다.

4. 잔금 치르기 전 한 번 더 등기부등본 확인

등기부등본은 계약금 지급 전 확인하고, 잔금을 치르기 전에 한 번 더 확인해야 한다. 통상 전세계약의 계약금은 전세금의 10%, 잔금은 90%로 나눠서 지급한다. 계약금을 10% 지급한 이후 집주인이 은행에서 대출받거나 세금을 납부하지 않아 압류가 들어올 수 있는 만큼, 잔금 치르기 전에 등기부등본을 한 번 더 확인하는 게 안전하다.

5. 계약서의 집 주소 꼼꼼히 하기

계약서와 등기부등본, 건축물대장의 주소가 일치하는지 확인해야 한다. 간혹 계약서에 주소를 잘못 기록해 전입신고나 확정일자를 받기 힘든 경우가 있다. 예를 들어 계약서엔 '지하 101호'라고 적고, 등기부등본엔 '지하층'이라고 적혀 있으면 등기부등본을 기준으로 계약서를 수정해야 한다. 공인중개사에게 "계약서와 등기부등본의 주소가 다르네요."라고 하면 공인중개사가 즉시 수정해 줄 것이다.

6. 집주인과 직접 계약, 잔금도 집주인 계좌로

임대차계약은 신분증을 소지한 집주인과 직접 만나 거래하는 게 안전하다. 최근 건물관리인이 집주인과 세입자 사이에서 전세금을 편취하는 사례가 늘고 있다. 가급적 집주인과 직접 계약을 체결하고, 부득이하게 대리인과 계약해야 한다면 집주인의 인감도장이 찍힌 위임장과 본인발급용 인감증명서를 확인해야 한다. 특히 위임장에 찍힌 인감도장(정부에 등록해 놓은 도장)이 인감증명서와 일치하는지, 인감증명서가 본인발급용이 맞는지 살펴봐야 한다. 대리인이 나왔다고 해도 잔금은 꼭 집주인의 계좌로 이체해야 한다.

건축물대장, 불법 확장·개조 확인까지

임대차계약을 체결할 때 보통 등기부등본만 확인하지만 건축물대장도 확인해야 한다. 민원24에서 수수료 300원에 발급받을 수 있다. 건축물대장에서 주택을 불법 확장·개조했는지 확인하자. 불법 확장·개조된 건축물은 건축물대장에 위반 건축물로 표시돼 구청에서 철거나 복구를 지시할 수 있다. 이를 꼼꼼히 확인하지 않으면 거주하던 집이 헐리거나 구조가 변경되는 황당한 경험을 할 수도 있다.

전세계약은 은행 업무시간 넘겨서

최근 전세계약 당일 집주인이 대출받아 주택인 전셋집이 은행에 담보로 잡히는 사례가 일어나고 있다. 이럴 경우, 향후 집주인이 전세금을 돌려주지 않아 집을 팔아도 전세금을 돌려받지 못하는 문제가 발생한다. 이에 은행 영업 종료 이후 계약을 체결한 다음, 당일에 곧바로 전입신고와 확정일자를 받는 게 그나마 안전하다. 확정일자란 법원 또는 동사무소 등에서 주택임대차계약을 체결한 날짜를 확인해 주는 것으로, 임대차계약서 여백에 해당 날짜로 도장을 찍어 준다.

세입자의 전세보증금은 확정일자 다음 날부터 법에 의해 우선적으로 보호받을 수 있다. 주택도시보증공사(HUG)에서 나오는 전세보증보험에 가입하는 게 가장 안전하다. 전세보증보험에 가입하면 전세금 문제가 발생 시 집주인 대신 공사에서 전세금을 대신 지급해 준다.

도배나 내부 옵션 등 집주인 약속은 계약서에

집주인이 계약 전엔 에어컨을 달아 준다거나 세탁기를 넣어 준다는 등 여러 옵션을 제시하다가 막상 계약 체결 이후 모른 척하는 경우가 있다. 이 상황을 피하려면 옵션이나 도배, 향후 부속물품의 수리비용 등에 대해 책임을 명확히 하고 이를 계약서에 기재하는 걸 추천한다. 집주인에게 직접적으로 말하기 부담스러우면 공인중개사에게 집주인이 약속한 내용을 계약서에 적어 달라고 요청하자.

슬세권·팍세권·뷰세권이 뭔지 잘 모르겠으면

'원인재역 3km. 전세 1억 원. 숲세권' 김고민 씨는 수많은 '○세권'에 혼란스럽다. 숲세권은 뭐고 팍세권은 또 뭐지. 고민 씨가 부동산 세계에 빠르게 적응할 수 있도록 요즘 많이 쓰이는 부동산 용어를 정리했다.

1. 빠르게 O세권 개념 정리

세권 용어들은 기본적으로 지하철역이나 학교, 공원 등 생활 편의시설을 중심으로 일정 범위를 말한다. 주로 편의시설 이름의 앞 글자나 마지막 글자에 '세권'을 더해 만들어진다. 예를 들어 역세권은 지하철역·기차역의 '역'과 '세권'이 합쳐져 만들어졌다. 세권의 정의나 범위에 대한 절대적인 기준은 없다. 다만 부동산업계에서는 편의시설 반경 500m, 도보 5~10분 거리 안을 세권으로 본다.

개념 정리

역세권	지하철역이나 기차역이 위치한 지역
학세권	자녀들이 도보로 통학이 가능한 곳에 학교나 학원가가 밀집해 있는 지역
편세권	생필품을 언제든지 쉽고 빠르게 구매할 수 있는 편의점이 있는 지역
팍세권 (숲세권)	산책이 가능한 공원이나 우거진 숲이 있는 지역
몰세권	대형 쇼핑몰이 인접해 있는 지역
도세권	책을 읽거나 공부할 수 있는 도서관이 있는 지역
병세권 (의세권)	대형병원이나 종합병원이 있어 우수한 의료서비스를 받을 수 있는 지역

스세권 (별세권)	커피 브랜드인 스타벅스 매장이 있는 지역
맥세권	햄버거 브랜드인 맥도널드의 홈서비스 배달 가능 지역
수세권	강이나 하천, 바다와 인접해 물을 보면서 산책이 가능한 지역
락세권	영화관, 공연장, 테마파크 등 여가를 즐길 수 있는 문화시설이 있는 지역
슬세권	슬리퍼를 신고 갈 수 있는 거리에 각종 여가, 편의 시설이 있는 지역
주세권	퇴근길에 술 한잔할 수 있는 편의시설이 밀집해 있는 지역
뷰세권	탁 트인 시야의 강이나 호수, 바다, 공원 등 탁월한 조망권을 가지고 있는 지역
올세권 (다세권)	역세권, 학세권, 몰세권, 팍세권 등 여러 세권을 포함한 지역

2. 내가 찜한 집은 무슨 세권일까

온라인에 많은 부동산 광고글. 집주인들은 자기 집을 '역세권'이다, '편세권'이다, '팍세권'이다 홍보하기 바쁘다. 집주인의 말발에 넘어가지 않으려면 직접 확인하는 게 좋다. 눈여겨본 집의 주변 환경을 확인하려면 네이버나 다음 등 포털사이트에서 제공하는 지도 서비스나 부동산 정보 애플리케이션을 활용하자. 지도 서비스는 특정 지점 간의 거리 재기 기능을 제공해 세권 파악에 용이하다. 지도의 눈금자 모양을 눌러 두 지점을 클릭하면 지점간 거리가 자동으로 계산된다.

3. 개인별로 엇갈리는 O세권 선호

집 주변에 편의시설이 있다고 좋기만 한 건 아니다. 연령에 따라 선호도가 다를 수 있다. 예를 들면 의료서비스 수요가 높은 노인 세대는 병세권을 선호하지만, 젊은 세대는 병세권을 싫어하는 경향이 높다. 집 주변에 환자가 돌아다니거나 수시로 울리는 앰뷸런스 소리를 싫어하기 때문이다.

수세권과 뷰세권에 대한 선호도 엇갈린다. '경치는 한 달만 보면 끝난다'고 하는 일부 사람들은 수세권과 뷰세권의 가성비가 떨어진다고 평가한다. 많은 돈을 내고 집을 마련할 때, 수세권이나 뷰세권보다 역세권이나 학세권 등 물질적으로 도움이 되는 선택을 하는 이들이 있는 것이다. 숲세권도 산책과 조용한 환경을 좋아하는 사람은 좋아하지만, 벌레를 싫어하고 북적거리는 환경을 좋아하는 사람은 선호하지 않는다.

차량을 보유한 젊은 세대나 1인 가구는 학세권을 좋아하지 않는 편이다. 학세권에 있는 스쿨존에서 차량 이동속도를 낮춰야 해서 불편하기 때문이다. 일명 '민식이법'이라 불리는 특정범죄가중처벌법 시행으로 교통사고가 났을 때 더 높은 처벌을 받을 수도 있어 선호하지 않는 편이다.

자신에게 맞는 ○세권은 어떻게 선택해야 할까. 공인중개사들은 생활 패턴을 기준으로 선택하라고 조언했다. 예를 들어 식사를 직접 만들어 먹는 사람은 마트나 편의점이 가까운 곳이 좋고, 배달 음식을 선호하는 사람은 맥세권이나 스세권이 적합하다. 주로 밤에 근무하는 사람에겐 낮에 조용한 주세권이 생활 지역으로 적합하지만, 낮에 근무하는 사람에게 주세권은 피해야 할 지역일 것이다.

이자가 낮은 중기청 전세대출 받으려면

김고민 씨는 혼자 힘으로 독립을 계획 중이다. 모아 둔 돈으로 부족한 보증금을 어떻게 메울지 고민하던 중 '중소기업취업청년 전월세보증금 대출(이하 중기청)'을 알게 됐다. 중기청은 국토교통부가 지원하는 중소기업 청년근로자 전용 대출상품이다. 1.2%(2022년 8월 기준)의 저금리로 최대 1억 원까지 대출받을 수 있다. 적은 이자로 대출하고 싶은 고민 씨를 위해 중기청 전세대출에 대해 소개한다.

1. 연령·직장·자산 조건을 모두 만족

중기청은 연령, 직장, 자산 조건을 만족해야 신청할 수 있다. 만 19세에서 34세 청년이라면 조건에 부합하며, 병역의무를 이행한 사람은 만 39세까지도 가능하다. 중소·중견기업에 재직 중이거나 창업한 청년이라면 대출 자격이 인정된다. 도박·유흥 등 사행성 업종 기업이나 공기업 재직자, 공무원은 중기청 대출을 받을 수 없다. 중소벤처기업부의 '중소기업현황정보시스템'에서 업체명을 검색하면 기업 유형을 확인할 수 있다. 자산은 연 소득 3천 5백만 원 이하, 기혼 맞벌이 가구는 5천만 원 이하여야 한다. 세대주는 본인 명의 주택이 없으며 자산이 2억 9천 2백만 원을 초과하면 안 된다.

2. 입주할 집은 꼼꼼하게 체크

입주할 집의 면적은 85m^2(약 25.7평) 이하의 주택, 주거용 오피스텔이어야 한다. 셰어하우스나 전입신고를 할 수 없는 집은 대출 심사 대상이 되지 못한다. 보증금은 2억 원을 넘으면 안 된다. 집주인에 대해서도 꼼꼼하게 체크할 필요가 있다. 집주인이 개인이 아닌 법인이라면 사업 목적이 '부동산임대업'으로 등록돼 있어야 한다. 집주인에게 중기청 대출을 받을 수 있는지 물어보고, 중소기업현황정보시스템에서 사업 목적을 재차 확인해 보자.

3. 대출받을 수 있는 은행이 따로 있다?

중기청 대출을 받을 수 있는 은행은 우리은행, KB국민은행, IBK기업은행, NH농협 그리고 신한은행 등 5곳이다. 어떤 은행으로 가든 조건은 똑같다. 월급통장이 개설된 주거래 은행으로 가자. 이용한 경험이 없는 은행을 찾아가면 "주거래 은행으로 가세요."라며 창구컷 당할 것이다. 은행은 담보 없는 고객에게 큰돈을 대출해 주는 입장이기 때문에 금융 기록이 많은 고객을 선호한다. 대출기간은 2년씩 4회 연장해 총 10년 가능하며 세대주의 미성년 자녀 1명당 2년씩 추가된다. 만기 시 일시상환 방식이고, 생애 1회에 한해 대출받을 수 있다.

4. 필요한 서류 챙기기

중기청 대출에 필요한 서류는 개인이 준비해야 할 서류와 회사 및 부동산에서 받아야 할 서류 등이 있다. 단, 다음의 서류는 모두 반드시 최근 1개월 이내 발급한 것이어야 한다.

내가 직접 : 개인이 챙겨야 할 서류는 신분증, 가족관계증명서(대법원 전자가족관계등록시스템), 주민등록 등본(정부24), 건강보험득실확인서(국민건강보험 홈페이지), 고용·산재보험자격이력내역서(근로복지공단 고용·산재보험 포털 서비스) 총 5종이다. 만 35~39세 대출 신청인은 병적증명서(정부24)도 추가로 필요하다. 위의 서류들은 괄호 안의 인터넷 사이트에서 무료로 발급·인쇄할 수 있다.

회사에서 : 재직 중인 회사에 발급을 요청해야 하는 서류도 있다. 재직증명서, 근로소득원천징수영수증, 주업종코드확인서, 사업자등록증, 회사 직인이 찍힌 급여명세서 등 5종의 서류 발급을 요청하자. 담당자에게 중기청 대출 심사용 서류라고 밝히면 알아서 준비해 줄 것.

부동산에서 : 부동산에 요청해야 할 서류로는 확정일자 도장이 찍힌 임대차계약서, 임차보증금의 5% 이상을 계약금으로 지불한 영수증, 중개대상물확인서, 건축물대장 등 4종이 있다.

5. 대출 과정은 어떻게 진행될까

① 중기청 대출로 보증금을 충당할 수 있는 집을 물색한다.
② 집을 보러 다니는 시기에 '내가 직접' 5종과 '회사에서' 5종 서류를 미리 발급해 둔다.
③ 마음에 드는 집을 찾았다면 '부동산에서' 서류 중 건축물대장을 발급한다.
④ 미리 준비한 서류들을 챙겨서, 은행에 방문해 중기청 대출이 가능한지 문의한다.
⑤ 은행에서 긍정적 답변을 들으면 부동산에서 집주인과 만나 계약하고, 계약금을 지불한 뒤 '부동산에서' 서류를 모두 발급한다.
⑥ 지금까지 모은 서류를 모두 챙겨 은행에 대출을 신청한다.

※ 공인중개사를 통해 계약하지 않으면 중기청 대출을 받을 수 없다.
※ ③에서 건축물대장은 대개 부동산에서 챙겨 주지만, 정부24에서 직접 무료로 발급할 수도 있다.
※ ⑤에서 계약 시 특약사항으로 '대출이 거부될 시 임대인은 임차인에게 계약금을 반환한다'라는 조항을 요구하자.

6. 대출을 연장할 수도 있을까?

대출 연장 시에는 집이 없어야 한다. 연봉은 올랐어도 괜찮고 여윳돈이 있으면 더욱 좋다. 최초 대출 당시 무주택자가 이후 집을 사면 보장된 대출기간과 상관없이 대출금을 상환해야 한다. 최초 대출 당시 조건인 '연 소득 3,500만 원 이하'는 연장 시 적용되지 않는다.

연봉 3,500만 원을 넘겨도 계속해서 중소기업에서 일하고 있으면 대출을 연장할 수 있다. 대출을 연장할 때 대출금의 10% 이상을 상환해야 금리가 1.2%로 유지된다. 상환하지 않으면 1.3%로 인상된다. 연장 신청할 때 셋방의 보증금이 2억 원을 넘는 수준으로 올랐다면 연장할 수 없다.

연장 시 제출해야 하는 서류는 '내가 직접' 5종과 재직증명서, 확정일자 도장이 찍힌 임대차계약서 등이다. 연장 신청은 만기일로부터 한 달 전부터 7 영업일 전까지 할 수 있다. 대출 만기일이 10월 29일 금요일이라면 주말을 제외하고 7일 전인 10월 20일까지 연장 신청을 해야 한다. 동일한 은행의 다른 지점에 방문해도 된다.

어느 날 집벌레와 눈이 마주쳤다면

첫 만남부터 강렬했다. 반질반질한 구릿빛 몸통에 기다란 더듬이, 꾸물꾸물 기어 다니는 뒷모습, 밤이면 귓가에 들리는 서걱서걱 소리. 1인 가구 김고민 씨는 요즘 초대하지 않은 불청객을 수시로 맞이한다. 천장과 방바닥 구석구석 제집처럼 누비고 다니는 손님은 바퀴벌레 씨. 만날 때마다 온몸에 소름이 쫙 돋는다. 살충제 스프레이를 하루도 빠짐없이 뿌려도 두통만 생길 뿐. '바퀴벌레 한 마리 잡으려다 내가 잡히겠다'며 혼잣말을 중얼거리는 고민 씨. 이제 집 벌레와 영원히 '손절'하고 싶은 고민 씨를 위해 다섯 종류의 집 벌레 예방·퇴치법을 소개한다.

1. 초파리

과일 껍질을 그대로 놔두면 어김없이 출몰한다. 어찌나 귀신같이 찾아오는지 자연발생설까지 있을 정도다. 한 번에 수백 개의 알을 낳고 번

식하기 때문에 최대한 유입을 막아야 한다. 초파리의 '초(醋)'는 산성을 뜻하는 말 그대로 달콤하고 시큼한 냄새를 좋아한다. 보통 싱크대나 화장실, 베란다 배수구에 알을 낳는다.

사전 차단

초파리의 주된 유입 통로인 창틀에 뚫린 곳이 있는지 주기적으로 점검하자. 일반 종량제봉투에 버린 과일 껍질, 뼈, 옥수수대 등이 초파리를 불러 모을 위험이 높다. 반쯤 남은 종량제봉투가 아깝거나 귀찮다고 며칠간 방치하면 초파리와 구더기의 아지트가 될지도 모른다.

사후 대책

이미 초파리가 몰려들었다면? 초파리 트랩(함정)을 만들어 준다. 만드는 방법은 간단하다. 빈 페트병이나 일회용 음료수 컵을 가로로 자른다. 물·설탕·식초·주방 세제를 3:1:1:1 비율로 섞어 병에 반 정도 채우고 입구에 랩을 씌운 뒤 이쑤시개로 중앙에 7개 정도 구멍을 뚫는다. 완성된 트랩을 집 안에 두고 기다리면 단내를 찾아 병으로 들어온 초파리가 출구를 찾지 못하고 갇힌다. 이때 구멍을 너무 크게 뚫거나 가장자리에 뚫어 놓으면 초파리가 빠져나갈 수 있으니 주의하자. 만드는 게 어렵다면 생활용품점에서 초파리 트랩을 구입하는 방법도 있다.

2. 나방파리

주로 화장실에서 발견된다. 화장실 벽에 새까만 점처럼 붙어 있는 작은 벌레가 바로 나방파리다. 가정집은 물론 공용 건물 화장실에도 등장한다. 온몸을 둘러싼 솜털에 방수 효과가 있어 물을 뿌려도 죽지 않는다. 음식물을 오염시켜 식중독을 유발한다.

사전 차단

하수구 청소만 잘해도 유입을 막을 수 있다. 나방파리는 주로 하수구에 알을 낳기 때문이다. 화장실 배수구는 캡으로, 싱크대는 일회용 거름망이나 실리콘 거름망으로 막아 주자.

사후 대책

주기적으로 배수구에 끓는 물을 붓는 것도 좋은 방법이다. 락스나 베이킹소다+식초를 부어서 오염된 배수구를 소독하자.

3. 화랑곡나방

바퀴벌레와 함께 자취생의 난적 중 하나. 집에 보관하는 쌀에서 자주 나타난다. 쌀 포대에서 화랑곡나방이 나오면, 주변에 있는 과자, 라면에서도 나타날 가능성이 크다. 날카로운 이빨로 포장 용기를 뚫어 곡물에 배설물을 떨어뜨리는 재주가 있다. 주로 오래 보관 중인 식품을 노리기 때문에 짧게 보관하는 게 화랑곡나방과 만나지 않는 최선책이다.

사전 차단

쌀통은 반드시 밀폐해 둔다. 잡곡이나 쌀류를 공기 중에 노출되지 않게 되도록 페트병이나 용기에 넣어 냉장고에 보관한다. 쌀 포대나 쌀통에 고추와 마늘을 넣어두는 것도 효과적이다. 매운맛을 내는 고추의 캡사이신과 마늘의 알리신 성분이 화랑곡나방의 접근을 막아 준다. 쌀 20*kg* 기준 마늘 10개, 붉은 고추 8개면 충분하다.

사후 대책

화랑곡나방이 나타난 쌀 위에 30도 이상 데운 술을 솜에 적셔 얹어 둔다. 쌀통을 닫고 3~4일 두면 쌀벌레 성충과 유충을 박멸할 수 있다. 이후 죽은 화랑곡나방 시체를 골라내자.

4. 그리마

온몸을 얼어붙게 하는 생김새가 압권인 그리마는 몸 좌우 양쪽에 무려 15쌍의 다리가 있다. 가을 무렵 벽 틈새로 집 안에 들어온다. 과거 따뜻한 부잣집에서 자주 나와서 '돈벌레'라고도 한다. 그리마를 잡으면 돈복이 나간다는 설은 미신이다.

사전 차단

그리마를 피하려면 최대한 쾌적한 환경을 유지하는 게 좋다. 집을 자주 환기시켜 습기를 없애자. 실내에 그리마가 나타나는 건 청결하지 못한 상태라는 걸 의미한다. 그리마는 주로 바퀴벌레나 모기를 잡아먹는다. 때때로 사람을 물기도 하니 주의할 것.

사후 대책

살충제를 분사하면 높은 확률로 죽는다. 양파, 계피처럼 벌레가 싫어하는 향을 뿌리는 것도 좋은 방법이다.

5. 바퀴벌레

주로 집단생활을 하며 야행성이다. 종에 따라 크기와 모양새가 조금씩 다르지만 모두 습하고 따뜻하고 어두운 곳을 좋아한다. 주로 욕실 배수구, 주방 찬장, 싱크대, 깨진 타일 틈, 보일러 주변 등에서 서식한다. 틈새 공략을 잘하며 매우 빠르다. 더듬이로 작은 움직임까지 금세 감지한다.

한 마리를 발견하면 어딘가 근거지가 있을 확률이 높다. 음식물 쓰레기, 사체 등 못 먹는 게 없는 잡식성이다. 불결한 곳을 골라 다니기 때문에 천식, 아토피, 피부염, 식중독 등 질병을 옮기기 쉽다. 바퀴벌레가 옮기는 병원균만 40여 종에 달한다.

사전 차단

하수구에 역류 방지 기능이 없으면 바퀴벌레가 올라올 수 있다. 배수구 망과 덮개를 사서 덮어 놓자. 방충망 작은 구멍으로도 몸을 밀어 넣어 들어올 수 있다. 스티커를 붙이거나 미세 방충망으로 교체하자.

사후 대책

바퀴벌레 약을 애용하자. 바퀴벌레는 먹이를 찾으면 서식지로 돌아가 무리와 함께 나눠 먹는 특성이 있다. 약국에서 파는 전용 퇴치약이 효과적이다. 피프로닐·히드라메칠논을 주성분으로 하는 약을 추천한다. 용량에 따라 다르지만 보통 1~2만 원대에 구입할 수 있다. 계란 노른자와 붕산, 꿀을 버무리는 방법도 있다. 독약은 먹이통에 콩알만큼 짜서 이곳저곳 놔둔다. 최초 바퀴벌레를 발견한 곳 외에도 침대 아래, 가구 뒤편, 냉장고 아래, 싱크대 아래에 두자.

이 모든 일을 시작조차 하기 싫다면 초전박살·유입차단!

한 놈 보일 때가 시작이다. 집 벌레들이 먹이사슬 하층부에 있다고 하찮게 보지 말자. 번식력과 생존력은 어마무시하다. 외부에서 유입된 벌레 한두 마리를 대수롭지 않게 여겼다가 수십 마리가 우글거리는 대참사를 맞이한다. 없던 벌레가 대규모로 나오기 시작하면, 빨리 원인을 찾는 게 좋다. 특히 바퀴벌레 같은 악질은 더 그렇다. 스트레스에 시달리느니 해충 박멸업체를 불러 해결하는 편이 나을 수 있다.

다른 집에서 유입되는 벌레도 주의하자. 위·아랫집 벌레가 배수관을 타고 들어올 수 있다. 수시로 하수구를 관찰하고 청소하자. 벌레가 날아올 수 있는 저층 집은 출입문, 창문, 벽 등 벌어진 틈새를 막아 줘야 한다. 방충망 사이사이 뚫린 구멍과 창틀 하단 배수용 구멍은 보수용 방충망을 이용해 메우자. 마트에서 약 5,000원에 구입할 수 있다.

벌레 취향을 저격하는 세 가지 요소인 습기·냄새·택배 상자를 없애자. 대부분의 집 벌레는 습기 있는 장소에 알을 낳고 서식지를 만든다. 화장실이나 주방, 물 새는 곳 등이 요주의 장소다. 자주 환기시켜 습도를 낮추는 게 중요하다. 냄새 나는 음식물 쓰레기와 썩은 곡물, 과자 부스러기도 벌레가 꼬이게 하는 주요 원인이다. 택배 상자는 벌레의 최고급 은신처다. 물류창고에서 오래 방치된 택배 상자에 벌레가 알을 낳고, 그 알이 집에 들어와 부화하는 악순환이 반복될 수 있다. 택배 상자는 집 안에 모아 두지 말고 바로 버리자.

유유자적 나만의 홈카페를 즐기고 싶다면

집에서 여유로운 혼자만의 시간을 즐기는 김고민 씨에게는 휴일이면 예상치 못한 아쉬움이 생긴다. 출근길에 카페에 들러 사던 한 잔의 커피가 그리워지는 것. 커피를 연료 삼아 활동하는 고민 씨에게 휴일에도 '홈카페'를 만나는 방법을 소개한다. 커피라고는 아메리카노와 테이크아웃밖에 모르는 초심자라도 다음 방법 중 하나를 골라 따라 해 보면, 집에서도 어렵지 않게 직접 만든 커피 한 잔을 즐길 수 있다.

1. 공유와 김연아가 광고하는 그거, 인스턴트

[난이도: ✦ / 뜯고 붓고 저으면 끝]

커피를 만들려면 원두와 도구 서너 개가 필요하다. 하지만 인스턴트 커피는 손만 있으면 된다. 포장지를 뜯고 물에 타기만 하면 완성이다. 간단하고 경제적인 게 장점이다. 다만 평소에도 카페를 자주 이용하는 사람이라면 맛이 아쉽게 느껴질 수 있다.

※준비물: 인스턴트 커피(1봉 130~300원), 뜨거운 물

2. 날개를 펼쳐봐, 드립백

[난이도: ✦✦ / 뜯고 살살 펼쳐서 걸고 부으면 끝]

두 번째로 간단한 것은 드립백이다. 드립백 커피는 분쇄한 원두를 일회용 종이 드리퍼에 1회분씩 담은 걸 말한다. 드립 커피를 어디서든 편하게 즐길 수 있도록 간편화한 것이다. 포장지에서 드립백을 꺼내 펼치면 잔에 걸칠 수 있는 모양이 된다. 여기에 물을 부으면 잔에 커피가 내려진다.

최근 대형 프랜차이즈를 비롯해 여러 카페에서 드립백 제품을 판매해 선택의 폭이 넓어졌다. 드립백을 걸치는 잔이 너무 크거나 깊이가 얕으면 고리가 찢어지거나 불안정할 수 있으니 적당한 크기의 잔을 사용하자. 드립백을 펼칠 때 커피 가루가 쏟아지지 않도록 주의하자.

※준비물: 커피 드립백(1개 700원~2,000원), 드립백 사이즈에 맞는 크기의 잔, 주전자, 뜨거운 물

3. 도구 이용 괜찮겠어요? 프렌치프레스

[난이도: ✦✦✦ / 넣고 붓고 기다리다 꾸욱 내리면 끝]

여기서부터 커피 추출을 위한 도구와 분쇄 원두가 필요하다. 어려운 이름에 겁먹을 필요는 없다. 프렌치프레스는 커피 가루를 물에 잠기게

해 추출하는 침출식 커피 추출 도구다. 잎차를 우리는 것과 비슷한 원리다. 진하고 묵직한 스타일의 커피를 좋아하는 사람에게 권한다.

커피 가루를 프렌치프레스에 넣고 뜨거운 물을 부어 3~4분 정도 기다린 다음, 위에 달린 거름망 손잡이를 눌러 커피 가루를 분리하면 끝이다. 종이 필터를 사용하지 않고 커피 가루를 직접 물에 담갔다가 빼는 방식이 처음엔 낯설게 느껴질 수도 있다. 거름망 구멍보다 작게 분쇄된 원두를 이용하면 커피 가루를 그대로 마시는 슬픈 일이 발생할 수 있으니, 원두의 분쇄도를 확인하고 사용하는 게 좋다.

※준비물: 프렌치프레스(9,000~30,000원), 분쇄 원두(200g 10,000~20,000원, 1잔 기준 10~20g 사용), 뜨거운 물

4. 핸드드립? 푸어오버? 부어 버려!

[난이도: ✦✦✦✦✦ / 넣고 두세 차례 살살 부으면 끝]

몇 가지 도구만 있으면 카페에서만 봤던 핸드드립을 집에서도 할 수 있다. 드리퍼, 서버, 여과지와 분쇄 원두가 필요하다. 추출한 커피를 받는 서버는 컵으로 대체할 수 있지만, 드리퍼와 여과지는 꼭 필요하다. 더 본격적으로 도전해 보고 싶다면 드립용 포트도 준비하는 게 좋다. 주전자의 추출구가 드립에 알맞은 모양이다. 여기에 조금 더 욕심을 내서 물 온도를 잴 온도계와 원두 양을 잴 저울까지 있으면 완벽하다. 커피 도구를 판매하는 사이트에서 초심자를 위한 핸드드립 세트 등을 판매하니, 한 번에 구매하는 것도 괜찮은 방법이다. 다만 처음부터 비싼 도구를

사는 것보다 널리 쓰이는 적당한 가격대의 제품을 사용해 보는 걸 추천한다. 추출 원리는 같지만 브랜드마다 특성이 조금씩 다르니 살펴보고 사는 게 좋다.

서버에 여과지를 장착한 드리퍼를 올리고 분쇄 원두를 넣은 뒤 포트를 이용해 물을 떨어뜨리면 된다. 일단 원두를 넣고 물을 부으면 커피가 나온다. 하지만 원두의 종류와 분쇄도, 물 온도, 내리는 사람의 숙련도에 따라 커피 맛은 천차만별로 달라진다. 처음 내릴 때는 분쇄 원두와 물의 비율을 1:12에서 1:15 정도로 추출해 보자. 마셔 보고 기호에 따라 농도를 조절하면 된다.

※준비물: 드리퍼, 여과지, 서버, 포트, 분쇄 원두, 뜨거운 물(추가로 온도계, 저울 등)

5. 돈을 들여 기계 힘을 빌리는 캡슐커피머신

[난이도: ✦ / 캡슐 넣고 버튼 누르면 끝]

이 모든 과정이 번거로운데, 일정 수준 맛을 보장하는 커피를 마시고 싶다면 기계의 힘을 빌리자. 각종 드라마에 PPL로 자주 등장하는 캡슐커피머신은 캡슐을 넣고 버튼만 누르면 된다. 캡슐에 담긴 1회분의 커피를 전용 기계의 압력을 이용해 추출하는 방식이다. 에스프레소 기계를 간소화한 형태다. 알루미늄 등의 소재로 커피 가루를 밀봉해 산화 등 변형될 위험이 적다.

네스프레소, 일리, 네스카페 돌체구스토 등이 대표적인 브랜드다. 기계의 가격 및 디자인과 성능, 각 브랜드마다 나오는 캡슐커피의 종류와 특성이 다르니 충분히 살펴보고 사는 게 좋다. 최근 다양한 카페에서 캡슐커피머신에 사용할 수 있는 캡슐커피를 팔고 있다. 구매하기 전 집에 있는 기계에서 사용할 수 있는 종류인지 꼭 확인하자. 추출 자체는 간편하지만 식음료를 만드는 기계이기 때문에 정기적으로 세척하는 등 관리가 필요하다.

※준비물: 캡슐커피머신, 캡슐커피(1개 500원~1,000원), 물

얼죽아족을 위한 팁

얼어 죽어도 아이스커피를 마시고 싶다면? 위의 방법으로 만든 커피에 얼음을 넣으면 아이스커피 완성!

원두를 갈기 귀찮을 때

원두를 살 때 분쇄해 달라고 요청하면 된다. 어떻게 추출해서 마실지 이야기하면 적절한 사이즈 원두를 갈아 준다. 도구에 따라 분쇄 입자 크기가 다르니, 어떤 추출 도구를 사용할지 정하고 분쇄도를 결정하는 게 좋다. 핸드밀이나 전동 그라인더 등을 이용해서 직접 갈 수도 있다. 핸드밀을 돌리면서는 인격 수양도 함께할 수 있다.

원두는 냉장고에 보관?

커피는 산소, 직사광선, 열, 습기로부터 보호해야 하는 신선 식품이다. 냉장고나 냉동고에 보관하면 용기를 열 때마다 수분이 응축돼 풍미가 떨어진다. 일주일 정도 사용할 분량을 상온에 밀폐해 보관하는 게 좋다. 원두를 분쇄하지 않고 오래 보관하려면 1~2주 정도 냉장 보관하는 것도 괜찮다. 낮은 온도가 숙성을 늦춰 줘서 산패 속도도 느려진다.

핸드드립 물은 펄펄 끓여서?

물이 충분히 뜨겁지 않으면 신맛이 우러나고, 물이 너무 뜨거우면 맛이 쓰다. 일반적으로 85~96도 정도가 적당하다.

내가 만든 커피도 맛있을까?

인스턴트, 드립백, 캡슐은 어느 정도 일정한 커피 맛을 보장한다. 하지만 핸드드립엔 변수가 많다. 내가 만든 커피 맛이 마음에 들지 않을 땐 인터넷이나 유튜브, 관련 서적으로 추출 레시피를 찾아보고 여러 번 연습해 보자. 단골 카페에서 원두를 사면서 어울리는 추출 레시피를 물어보는 것도 좋은 방법이다. 이 과정이 번거롭지 않고 재미있으면 커피를 새로운 취미로 발전시켜도 좋다.

컴알못이 조립 컴퓨터 구입하려면

김고민 씨의 눈에 방구석에 놓인 데스크톱 컴퓨터가 들어온다. 이번에 새로 나온 게임이 그렇게 재미있다던데, 고민 씨의 낡은 컴퓨터로는 꿈도 꾸지 못한다. 컴퓨터를 새로 장만하고 싶지만 '컴알못' 고민 씨에겐 막막한 일이다. 브랜드 컴퓨터를 사자니 부족한 주머니 사정이 마음에 걸리고, 조립 컴퓨터를 사려니 CPU, 그래픽카드 등 뭐가 뭔지 몰라 덜컥 겁부터 난다. 고민 씨를 위해 따라 하기 쉬운 조립 컴퓨터 구입 방법을 소개한다.

1. 구입 목적 파악하기

조립형 컴퓨터를 구입하기로 결심했다면 먼저 컴퓨터 사용 목적을 파악해야 한다. 게임을 하는 사람과 문서 작업을 하는 사람, 영상 편집을 하는 사람 등 그 목적에 따라 필요한 부품부터 가격까지 모두 다르기 때문이다. 컴퓨터를 주로 어디에 사용하는지 생각해 보고 목적에 맞는 걸 사는 게 좋다.

2. 견적 받기

방향을 설정했으면 이제 견적을 받을 차례다. 직접 매장을 방문하지 않아도 온라인에서 전문가의 도움을 무료로 받을 수 있다. 견적을 받을 땐 컴퓨터 사용 목적과 원하는 가격대를 구체적으로 기재하는 게 좋다. 특히 게이밍 컴퓨터는 하려는 게임, 기대하는 게임 품질 옵션 등을 전달해야 한다. 예를 들면 "게임 '배틀 그라운드'를 풀 옵션으로 돌리고 싶습니다. 견적 좀 부탁드려요. 가격대는 130만 원 안쪽으로 생각하고 있습니다. 게이밍 모니터도 추천해 주세요." 식이다.

손쉽게 견적을 받을 수 있는 방법 중 하나는 '다나와', '컴퓨존' 등 컴퓨터 종합 온라인 쇼핑몰을 이용하는 것이다. 견적 요청을 하면 하루 안에 견적서를 받을 수 있다. 일부 쇼핑몰에선 '사무용 컴퓨터', '방송용 컴퓨터' 등 사용 목적에 따라 분화된 견적표를 공개하고 있다.

'퀘이사존', '쿨엔조이' 등 온라인 커뮤니티에서 전문가 및 준전문가의 도움을 받는 방법도 있다. 컴퓨터에 대한 해박한 지식을 갖춘 이들이 상주하기 때문에 정중하게 요청하면 견적을 받을 수 있다. 동시에 여러 개의 견적을 받을 수 있어 선택지가 다양해지는 게 장점. 퀘이사존에선 화제의 신작 게임 〈사이버펑크 2077〉을 47종의 그래픽카드로 실행해 각각의 성능을 분석한 자료를 제시할 정도다.

조립 컴퓨터는 윈도, MS 오피스, 한글 등 운영체제와 기본 소프트웨어를 직접 구매해 설치해야 한다. 견적서에 이 같은 소프트웨어를 포함하지 않은 경우가 많으니 잊지 말고 구매하자.

3. 부품 구입하기

시간이 부족한 경우엔 컴퓨터 종합 쇼핑몰에서 견적을 받고 부품 구매와 조립까지 한 번에 끝내는 방법도 있다. 컴퓨터 종합 쇼핑몰 홈페이지에서 용산 등에 오프라인 매장이 있는 업체들에서는 부품 가격을 비교·분석할 수 있다. 쇼핑몰에서는 다양한 업체의 부품으로 컴퓨터를 조립해 주는 서비스도 제공한다. 조립비는 AS 비용 포함 2~4만 원 정도.

돈이 부족하면 발품을 팔아야 한다. 다음이나 네이버 등 포털 사이트에서 컴퓨터 종합 쇼핑몰보다 상대적으로 저렴한 가격의 부품을 찾을 수 있다. 견적서에 적힌 부품을 검색해서 '드래곤볼' 모으듯 하나씩 최저가 부품들을 수집하자. 아마존 같은 해외 직구를 이용하는 방법도 있다. 특히 그래픽카드는 국내보다 해외에서 저렴하게 판매된다.

부품을 모두 구입했다면 유튜브 영상을 참고해 직접 조립할 수 있지만 '컴알못'에겐 추천하지 않는다. 부품을 바리바리 싸 들고 동네 컴퓨터 수리 업체에 조립을 맡기는 걸 추천한다. 일반적으로 조립비는 3~5만 원 정도고, 복잡한 부품이 있으면 추가 비용이 발생할 수 있다.

4. 최종 선택하기

-당장 컴퓨터가 필요해요: 1단계 → 2단계① → 3단계①

-돈은 없지만 시간이 많아요: 1단계 -> 2단계② -> 3단계②

-절약은 좋지만 외출은 싫어요: 1단계 -> 2단계② -> 3단계①

-예산은 충분한데 바빠요: 브랜드 컴퓨터 구입.

브랜드 컴퓨터와 조립형 컴퓨터, 뭐가 좋을까?

삼성과 LG 등 대기업에서 출시한 브랜드 컴퓨터는 접근성이 좋다. 완제품 형태로 판매해 별다른 고민 없이 오프라인 매장이나 인터넷에서 손쉽게 구입할 수 있다. 최소 2년까지 무료 AS를 보증하고, 수리 센터도 많아 컴퓨터에 문제가 생겨도 빠르게 대처할 수 있다. 부품 선택에 시간을 소비하지 않는 것도 장점이다.

조립형 컴퓨터는 브랜드 컴퓨터보다 가격이 저렴하다. 부품을 직접 조립하면 브랜드 컴퓨터보다 약 40~60% 싸게 살 수 있다. 업체에 조립을 맡겨도 20~30% 이상 저렴하다. 시간과 노력을 들이면 주머니 사정과 사용 목적에 알맞은 부품을 직접 선택할 수 있는 것도 장점이다.

소중한 반려식물 또 죽이고 싶지 않다면

또 식물 하나가 임종했다. 2주를 넘기지 못하고 누렇게 시들어 버렸다. 볕 잘 드는 명당자리에 두고 생각날 때마다 물을 줬지만 소용없었다. 집에서 식물을 키우는 취미에 도전한 김고민 씨는 자기 손이 금손이 아니란 걸 깨달았다. 과거 집에서 식물을 키우는 건 단순히 공기정화나 관상 목적에 그쳤지만, 요즘엔 정서적 교감을 나누고 위안을 주는 취미생활로 주목받으며 '반려식물'이란 말까지 생겨났다. 반려식물을 잘 키우려면 식물의 특성, 어떤 식물이 우리 집 환경과 잘 맞을지 파악하는 게 기본이다. 같은 실수를 반복하고 싶지 않은 고민 씨를 위해 식물을 잘 키우는 방법을 소개한다.

1. 과거를 돌아보자

다음은 화초 키우기 달인들 사이에서 전설처럼 내려오는 '식물 잘 죽이는 방법'이다. 자기에게 해당되는 항목이 몇 개인지 확인하며 반성하는 시간을 갖자.

-양지 식물을 음지에, 음지 식물을 양지에 놓는다.

-식물이 예뻐서 하루에도 물을 4~5번씩 준다.

-밖은 위험하니까 공기가 통하지 않는 실내에 고이 모신다.

-겨울에는 바람 쐬라고 화분째 밖에 내놓는다.

-한여름에 바쁘다고 2~3일씩 물을 주지 않는다.

-분갈이는 꿈도 꾸지 않는다.

2. 최소한 이것만이라도

사람마다 체질이 다르듯 식물도 종류에 따라 필요한 일조량이 다르다. 식물은 직사광선을 받으며 자라는 양지 식물과 창문이나 사물 등에 가려진 햇빛이 드는 곳에서 잘 자라는 반양지 식물, 그늘진 곳에서 사는 음지 식물로 나뉜다(음지 식물은 햇빛이 강한 곳에 두면 잎이 타 버린다).

현재 살고 있는 집의 특성에 따라 기르기 적합한 식물도 달라진다. 집이 남향이면 거실에서 고무나무, 몬스테라, 선인장을 잘 키울 수 있다. 베란다에는 허브, 유칼립투스 등 비교적 까다로운 식물도 둘 수 있다. 집이 동향이거나 북향이라면 이끼, 스파트필름, 고사리 등이 잘 자라는 환경이라고 볼 수 있다.

"물 며칠 간격으로 줘야 해요?"는 식물 초보가 많이 묻는 질문이다. 물을 주는 주기는 상황에 따라 달라서 무 자르듯 딱 정할 수 없고, 보다 정확한 답은 겉흙이 말랐을 때다. 생각날 때마다 수시로 물을 주거나, '일주일에 1번'처럼 주기를 정해 놓는 건 좋지 않다. 흙이 계속 습한 상태를 유지하면 뿌리가 썩는다. 과습으로 식물을 떠나보내는 일은 초보가 많이 저지르는 실수다. 아이스크림을 먹고 남은 나무 막대를 흙에 꽂아서 흙이 많이 묻고 촉촉하면 아직 때가 아니다. 흙이 거의 묻지 않고 건조하면 그때가 물을 줄 타이밍이다. 물을 줄 때는 물이 화분 밑 배수 구멍으로 빠져나올 때까지 흠뻑 줘야 한다.

집에서 식물을 오래 키우는 비법 중 하나가 '한자리에 가만히 두기'다. 식물을 너무 예뻐한 나머지 욕실에서 샤워기로 물을 주고, 부엌에서 설거지할 때 보고 싶다고 데려가고, 주말이면 바깥 공기 마시라고 내놓는 경우가 종종 있다. 과한 애정이 오히려 해가 되는 셈이다. 식물은 한곳에 자리를 잡고 사는 생명체다. 햇빛 쪽으로 고개를 돌리고, 엽록체를 모아 놓는 등 조건을 최적화하는 데 많은 에너지를 소모한다. 식물을 왔다 갔다 옮기며 괴롭히지 말자.

선물받은 다육이 키우는 법

다육식물은 건조한 지역에서 자란다. 줄기와 잎에 수분을 오랫동안 저장해 조금씩 쓰면서 버티도록 진화했다. 겉흙이 완전히 바싹 마르거나, 식물에 물이 부족할 때(줄기와 잎이 쪼그라들거나 납작해질 때) 물을 준다. 장마철에는 이미 공기 중의 수분으로도 과습 상태이니 물 주기를 중단한다.

---

3. 아이가 이상할 때 구호 조치

식물이 시들시들, 비틀비틀 예전 같지 않다면? 성급히 작별 인사를 나누는 대신 증상을 먼저 살펴보자. 빠르게 대처한다면 소생 가능성이 있을지도 모른다.

어느 날 위쪽 잎이 누렇게 변해 후드득 떨어지면 분갈이를 해 보자. 흙 속 영양분이 소진됐거나, 화분 속 뿌리가 꽉 차서 성장이 어려운 상태일 수 있다. 화분 뿌리가 배수 구멍으로 빠져나온 경우에도 분갈이하라는 신호다.

흙은 촉촉한데 식물이 시들하면 나무 아랫부분 잎들이 누렇거나 검게 뜨며 떨어진다. 이건 과습 증상 중 하나다. 검게 변한 잎과 줄기를 자른 다음 뿌리를 확인한다. 뿌리를 화분 밖으로 꺼내 몇 시간에서 반나절 정도 말린다. 심하게 썩은 뿌리는 잘라 낸다. 이제 썩은 흙은 버리고 새 흙으로 갈아 준다. 화분 바닥에 자갈이나 망을 깔아 물이 잘 빠질 수 있게 해 준 뒤, 새 흙으로 채운다. 잎이 무성해 바람이 통하지 않았을 수 있다. 가지를 치거나 큰 화분으로 옮겨 잎과 잎 사이 공간을 확보한다.

잎이 가장자리를 따라 갈색으로 타들어 간다면 강한 햇빛에 노출됐을 가능성이 높다. 그럴 땐 화분을 그늘로 옮긴다. 공기가 매우 건조할 때도 비슷한 증상이 나타난다. 상한 부분을 잘라 내고 물을 자주 뿌려 공기 중 습도를 높여 보자.

4. 전문가가 추천하는 생존왕 식물

아파트에서 살기에 가장 적합한 식물은 열대 관엽식물이다. 척박한 환경에서도 잘 자라는 몬스테라가 대표적이다. 평소 화분을 밝은 창가 쪽에 놓고 일조량을 충분히 확보해 준다. 겨울엔 춥지 않게 실내에 들여 놓으면 오래 살 수 있다. 그밖에 야자수류, 벤저민류(고무나무류), 필로덴드론류도 생명력이 강한 편이다.

자꾸 눈에 밟히는 반려동물 올바르게 입양하려면

김고민 씨는 요즘 출근할 때마다 눈에 밟히는 아이가 있다. 집을 나설 때마다 골목길 구석에 웅크리고 있는 하얀 고양이다. 처음엔 털빛이 곱던 아이가 시간이 갈수록 꼬질꼬질해졌다. 날씨가 점점 추워지는데 갈 집이 없어 보인다. 지난해 발생한 유기동물이 13만 마리라는 뉴스가 떠오른다. 저 아이에게 도움을 줄 수 있을까. 하지만 내 몸도 잘 돌보지 못하면서 반려동물과 함께 살 수 있을까. 동물 입양은 어디서부터 어떻게 시작하는 걸까. 고민하는 고민 씨를 위해 동물과 내가 '우리'가 되는 반려동물 입양법을 소개한다.

1. 내가 동물과 살 수 있을까

동물을 끝까지 보호할 수 있을까?

강아지의 평균 수명은 12~15년이다. 십수 년간 함께 지낼 새 가족을 맞이하는 것이니 신중하게 생각해야 한다. 동물을 끝까지 책임지지 못하면 그에게 커다란 상처를 주기 때문이다. 결혼, 임신, 유학, 이사 등으로 가정환경이 바뀌어도 한 번 인연을 맺은 동물을 끝까지 책임지고 보살피겠다는 결심이 섰는지 스스로 질문해 보자.

마음은 있어도 확신이 서지 않는다면 임시 보호를 고민해 보자. 임시 보호는 동물 단체가 법적 보호자인 상태로 동물을 평균 2개월 정도 잠시 돌보는 걸 말한다. 중성화 수술이나 큰 병원 치료는 단체에서 지원해 주기도 한다. 임시 보호가 종료되면 아이는 다시 보호센터로 돌아가 돌봄을 받는다. 임시 보호를 하다가 입양으로 전환되는 경우가 많아서 임시 보호 역시 입양 심사와 같은 절차를 거쳐 진행된다.

가족 구성원 모두 동의했나?

동물 입양은 반드시 가족 구성원 전원에게 동의를 얻어야 한다. 자기를 포함한 가족 구성원 중 동물 알레르기 혹은 동물에게 해를 입힐 수 있는 정신 질환을 가진 경우 입양자로 선정되지 못할 수 있다. 집에서 동물을 키우는 게 괜찮은지 고민해 보는 과정도 필요하다. 사전에 반려하길 원하는 동물에 관한 정보를 충분히 수집해서 동물의 특징을 인지하고 직간접적으로 경험해 보는 걸 추천한다.

비용 감당 의지와 능력이 있나?

반려동물과 함께 살면 추가 지출이 발생한다. 사료비, 간식비, 병원비 등 종류도 다양하고 금액이 생각보다 커질 수 있다. 동물과 함께 살 경제적 여건이 되는지 신중하게 고민해야 하는 이유다. 매달 고정 지출하는 평균 양육비는 한 마리 기준 강아지가 11만 원, 고양이는 7만 원 정도다. 건강관리나 상해·질병 치료를 해야 하는 상황이라면 지출 비용은 더 늘어난다. 지난 2년 동안 반려동물 가구당 평균 46만 5,000원을 치료비로 지출했다는 조사 결과(KB금융그룹 경영연구소 〈2021 한국 반려동물보고서〉)도 있다. 강아지는 피부질환, 고양이는 정기검진 비용이 가장 많았다.

함께할 시간이 충분한가?

반려동물이 집에 혼자 있는 시간은 하루 평균 5시간 40분, 1인 가구는 그보다 많은 7시간 20분이라고 한다. 대부분 반려동물은 혼자 보내는 시간이 길다. 바쁘다는 이유로 반려동물이 외로움을 느끼지 않도록 시간을 낼 수 있어야 한다.

특히 강아지는 정서에 큰 영향을 미치는 '산책'이 중요하다. 집 안에서만 활동해 에너지를 소모하지 못하면 말썽을 부리거나 공격적인 성향이 생길 수도 있다. 강아지는 하루에 3~4번 산책하는 것이 좋지만 쉽지 않은 일이다. 소형견은 최소 하루에 1번씩 30분에서 1시간 정도, 대형견은 보통 2시간 정도 함께 산책하는 게 적절하다는 점을 기억하자.

2. 유기동물 어디에서 입양할까

동물보호단체

동물자유연대 KAWA나 동물권행동 카라 등 동물보호단체에서 보호하는 동물들을 만나고 입양을 신청할 수 있다. 일반적으로 입양신청서를 작성하면 단체에서 신청서를 검토한 다음, 직접 방문하거나 전화로 입양을 상담한다. 입양이 확정되면 동물과 함께 가정을 방문한다.

지자체 유기동물보호소

유기동물 입양 플랫폼인 '포인핸드' 애플리케이션을 통해 지자체 유기동물보호소에 입소한 동물들을 확인하고 입양할 수 있다.

개인 구조자

최근 개인 구조자가 SNS로 입양할 사람을 직접 찾기도 한다. SNS에서 마음이 가는 동물을 만나면 개인 구조자에게 임시 보호나 입양에 대해 문의해 절차를 따를 수 있다.

3. 새 식구를 맞으려면 뭘 준비해야 할까

반려동물 도착 하루 전

사료, 방석, 밥그릇, 소독제, 손톱깎이, 목욕 샴푸 등 반려동물을 위한 기본 물품은 미리 구비해 둬야 한다. 강아지는 배변 패드와 산책용 목줄, 고양이는 화장실과 전용 모래가 필요하다. 어린 동물이면 주방용

저울과 핫팩, 동물용 분유가 필요하다.

동물에게 위험할 수 있거나 크기가 작은 물건들을 미리 정리해야 한다. 동물이 삼킬 수 있을 정도로 작은 비닐 조각, 플라스틱, 클립, 단추, 고무공, 고무줄 등은 보이지 않는 곳에 치워 놓아야 한다. 가전제품 전선을 물어뜯으면 화재나 감전 화상 등의 사고로 이어질 수 있으니 꼭 정리해 두자.

화장실 변기 뚜껑도 닫아야 한다. 어린 동물은 변기 내부에 고인 물을 못 보기 때문에 변기에 빠져 사고가 날 수 있기 때문이다. 숨기 좋은 작은 틈을 차단하고 집 안의 모든 창문도 닫아 두어야 한다.

반려동물과 함께하는 첫날

강아지는 첫 2주 동안 제한된 공간에서 지내도록 하는 게 좋다. 이동장이나 케이지를 준비해서 그 안에서도 생활할 수 있도록 해 주자. 이동장은 외출할 때 반려동물을 넣어 들고 다닐 수 있게 만든 가방형 케이지다. 강아지는 사회적인 동물이라 혼자 고립시키는 건 좋지 않다. 격리해도 보호자의 목소리를 들을 수 있고, 움직이는 모습을 바라볼 수 있는 곳에 공간을 마련하는 게 좋다.

고양이는 처음 집에 오면, 미리 마련한 공간에 이동장을 내려놓고 문을 열어 놓은 상태로 둔다. 고양이가 이동장에서 나올지, 머무를지 스스로 결정하도록 기다려 주자. 어쩌면 이동장 안에서 몇 시간 동안 나오지 않을 수도 있다. 고양이 화장실과 사료, 물그릇은 충분히 떨어진 곳에 준비해 주자. 고양이가 틈에 숨으면 억지로 나오게 하는 대신, 장난감이나 간식으로 나오도록 유도하고 기다려 줘야 한다.

4. 이런 상황에선 어떻게 해야 할까

입양한 동물이 적응을 못 하면

유기동물은 과거에 밖에서 위험한 상황을 경험했을 수 있다. 그래서 청소기나 알람시계 소리에도 깜짝 놀라 겁먹고 도망갈 수 있으니, 미리 집 안 환경을 세심하게 정비하는 게 좋다. 분리 불안이 생기지 않도록 하는 것도 중요하다. 입양 후 동물이 문제 행동을 할 경우, 반려동물 행동 교정 전문가에게 상담을 요청해 보자.

입양 첫날 아무것도 먹지 않는 고양이 때문에 걱정하며 병원에 데려가는 경우도 많다. 고양이는 환경에 민감해서 생활공간이 바뀌면 극도의 스트레스를 받을 수 있다. 시간이 지나면 바뀐 환경에 적응하고 다시 밥을 먹을 수 있으니, 3일 정도는 지켜보는 게 좋다.

집에 첫째 반려동물이 있다면

강아지의 경우, 원래 있던 첫째가 둘째 입양 시 데면데면하게 지내거나 아주 싫어하는 경우가 있다. 둘째와 집에서 처음 만나는 대신, 밖에서 만나 함께 산책하고 집으로 같이 들어가면 적응에 도움이 된다.

고양이는 첫째와 둘째를 서로 다른 방에서 지내게 하는 게 좋다. 서로 존재감을 냄새로 알 수 있게 해 주는 것이다. 일정 시간이 지나면 방문 사이로 얼굴을 마주쳐 접촉하게 해 준다. 이때 첫째가 컨디션이 떨어지지 않는지, 밥은 잘 먹는지 유심히 살펴봐야 한다. 첫째 고양이가 둘째로 인해 밥을 먹지 않는 상태로 4일 정도 지나면 둘째를 다시 돌려보내는 게 좋다.

밥을 얼마나 줘야 할까

강아지는 사료를 하루에 두 번 정도 주는 걸 권한다. 사료양은 체중이나 나이, 활동량에 따라 다르지만 사료 회사에서 제시하는 내용을 참고해 정량을 줘야 한다.

고양이는 비만이 아니면 그릇에 담아 두고 자유롭게 먹을 수 있도록 한다. 사료가 오랫동안 쌓이지 않게 하는 게 중요하다. 물은 신선하게 유지하도록 잘 관리해 줘야 한다. 특히 여름철엔 물의 신선도에 더욱 신경 써야 한다.

입양 첫날부터 산책해도 될까

산책 교육을 받지 않은 강아지는 충분히 산책을 연습해야 한다. 사람을 아주 잘 따르는 강아지라 해도 입양 첫날부터 산책하는 건 추천하지 않는다. 실제로 입양 첫날 산책하다가 도망치는 사례가 많다고 한다. 일주일 정도 함께 지내며 바뀐 환경에 적응하고, 새로운 가족으로 받아들이는 시간이 필요하다. 산책할 때는 인식표를 착용하는 걸 잊지 말자.

3부

세상엔 재밌는 게 너무 많아

독립했으니 이젠 즐길 시간

5.85점. 한국개발연구원(KDI) 경제정보센터가 2021년 5월 발표한 2018~2020년 한국 평균 행복지수(10점 만점)다. 1위를 차지한 핀란드는 7.84점, 2위인 덴마크는 7.62점이었다. 한국의 국내총생산(GDP)은 세계 10위권이지만, 사회적 지지와 기대수명, 부패 인식 등을 바탕으로 평가한 행복지수는 경제협력개발기구(OECD) 37개 회원국 가운데 35위에 그친 것이다. 한국 뒤엔 그리스(5.72점)와 터키(4.95점)뿐이다. 이상한 일이다. 예전보다 부유해졌지만, 왜 행복하지 않은 걸까. 돈이 많아도 불행할 수 있다는 이야기다.

취직과 독립에 성공해도 여기저기서 유쾌하고 재미있는 일이 마구 생기진 않는다. 오히려 시간을 어떻게 활용할지 난감한 순간이 찾아올 수 있다. 당장은 아무것도 하지 않고 침대에 누워 유튜브만 보면서 여가를 보내는 건 생각만 해도 즐거울 수 있지만, 그렇게 1~2년을 보내다가 돌아보면 대체 뭐 하고 있는지, 내 시간이 다 어디로 사라졌는지 싶은 순간이 올 수 있다. PART3에선 혼자 혹은 친구들과 함께할 수 있는 놀이와 취미에 관한 이야기를 다룬다. 다른 친구들이 하는 재미있는 놀이, 흥미로운 취미들에 도전하려 해도 막상 어디서부터 시작해야 할지 막막할 수 있다. 노는 것도 잘 알면 더 잘 놀 수 있는 법. 하지만 세상엔 노는 방법을 처음부터 하나씩 알려 주는 곳이 생각보다 많지 않다. 친구들에게 물어봤다가는 바보 취급당하거나, 한참 동안 전문 지식 자랑을 빙자한 잔소리를 들을 위험성도 있다. 그렇다고 무작정 취미의 세계에 뛰어들기엔 불안하다.

PART3를 읽고 나면 누군가의 도움을 받지 않고도 새로운 취미에 도전할 자신감과 의지를 찾을 수 있을 것이다. 한 번도 시도해 보지 않던 분야에 발을 들여 새로운 걸 알아가는 일은 의외로 삶에 활력을 줄 수 있다. 나를 빼고 친구들이 나누던 대화에 껴서 새로운 최신 정보를 얻을지도 모른다. 나중엔 어떤 주제가 나와도 대화를 이어 갈 수 있는 소통왕 '인싸'가 되어 있을 수도 있다. 노는 것과 일이나 일 외의 전문성을 연결시킬 수도 있다.

먼저 PART3에서 어떤 이야기를 다루는지 쭉 훑어보자. 그중 가장 궁금했거나 관심 있는 이야기를 펼쳐서 다시 읽어 보자. 이번 PART는 백지상태인 초보자를 위한 가이드처럼 작성했기 때문에 어려울지 모른다는 걱정은 내려놓아도 좋다. 이미 아는 내용이어도 다시 한번 들여다보는 걸 추천한다. 해당 분야를 담당하는 저자들이 작성한 만큼 미처 모르던 전문 지식과 의외의 꿀팁을 마주할지 모르기 때문이다. 일과 삶의 균형은 생각보다 중요하다. 한 명의 사회 구성원으로 회사에서 보내는 시간도 중요하지만, 퇴근 후 일상으로 돌아가 보내는 개인적인 시간도 존중할 필요가 있다. 멀리 떨어진 것 같은 그 시간이 서로 좋은 영향을 미칠 수 있다. 미루지 말고 바로 지금, 즐겨 보자.

방금 입덕한 내가 '어덕행덕' 하려면

태어나 처음으로 연예인에 '입덕'한 김고민 씨. 고민 씨는 본인에게 덕후 DNA가 없는 줄로만 알았던 터라 연예인을 좋아하게 된 자기 모습이 놀라웠다. 누군가의 팬이 된다는 건 고단한 삶에 무너지지 않는 난공불락의 존재가 되는 것처럼 긍정적인 면이 크다. 연예인 팬이라고 한심하게 보는 시대는 지났다. 오히려 팬클럽의 이름으로 기부나 봉사를 하며 사회적으로 선한 영향력을 끼치는 팬덤이 얼마나 많은지 모른다. 그런데 '덕질'을 제대로 하고 싶은데 어디로 가야 할지, 어떻게 해야 할지 막막하기만 하다. 온라인엔 익숙해도 '덕질'은 낯선 고민 씨를 위해 '어덕행덕(어차피 덕질할 거 행복하게 덕질하자)'을 단계별로 안내한다.

1. 팬카페 가입

우선 팬카페부터 가입하자. 소속사가 운영하는 공식 팬카페부터 시작하는 게 좋겠다. 단, 요즘엔 팬카페 가입에도 절차가 있다. 주로 연예인과 관련된 문제의 답을 맞혀야 한다. '마마무의 이번 앨범 수록곡 중 선공개 곡은?', '아이유 정규 1집 타이틀곡 제목은?(영어 대문자로)', '비투비의 데뷔일은?(○○○○년 ○월 ○일)' 등이다. 대부분 문제의 난이도는 낮은 편이지만 팬카페에서 요구하는 답변 형식에 유의해야 한다. 비투비의 데뷔일은 2012년 3월 21일이지만 '2012.03.21.' 같은 답변을 달면 팬카페에 가입할 수 없다. '○○○○년 ○월 ○일'이라는 정답 형식이 주어졌다면 그에 맞춰 '2012년 3월 21일'로 적어야 한다.

2. 팬카페 등업 신청

등업은 꽤 까다롭다. 대형 스타의 팬카페일수록 정해진 날에만 등업 신청을 받는 경향이 있다. '정회원으로 등업해 주세요' 같은 호소로는 택도 없다. 예를 들어 아이돌 그룹 BTS 팬카페는 한 달에 6번, 매주 둘째 주와 넷째 주 금·토·일요일에만 등업 신청이 가능하다. 양식에 맞춰 신청글을 써야 하고, 등업 퀴즈를 풀어야 하는 팬카페도 있다. 가입 퀴즈와 비교하면 난이도가 꽤 높다. 초성만 보고 가사를 유추할 수 있어야 하고 각 음반 발매일을 숙지해야 한다. 동영상 콘텐츠도 꼼꼼히 봐야 풀 수 있다. 최신 음반 타이틀곡 스트리밍과 뮤직비디오 '좋아요' 인증도 필수.

3. 팬카페 주의사항

모든 관문을 뚫고 정회원이 되면 우선 공지사항을 정독하는 게 좋다. 가령 '오늘 A그룹 숙소 앞에 다녀왔어요!' 같은 글처럼 연예인의 사생활을 침해하는 글을 올리면 강퇴행 급행열차를 타게 될 것이다. 공지에 따라 B를 'B씨', 'B님'으로 써야 하는 곳도 있다. 다른 회원을 공격하거나 팬 간에 사적인 친목을 드러내는 게 금지된 경우도 많으니 주의하자. 흔히 '친목질'이라고도 불리는 일부 회원의 친분 과시는 다른 회원에게 소외감을 주고 불필요한 갈등을 유발할 수 있기 때문이다.

4. 팬 커뮤니티 플랫폼

등업에 실패했거나 팬카페 활동이 성향에 맞지 않는다면 '위버스'와 '리슨'을 둘러보길 추천한다. 위버스와 리슨은 각각 하이브와 SM엔터테인먼트에서 운영하는 팬 커뮤니티 플랫폼이다. 자사 소속 아티스트는 물론이고 다른 기획사에 속한 아티스트의 팬 커뮤니티 플랫폼도 제공한다. 그러니 우선 A그룹의 팬 커뮤니티가 위버스나 리슨에 개설돼 있는지 확인하자. 위버스는 모바일 애플리케이션과 웹 사이트를 모두 지원하고, 리슨은 모바일 애플리케이션으로만 접속할 수 있다.

위버스

위버스의 서비스 항목은 크게 커뮤니티, 콘텐츠, 매거진으로 분류할 수 있다. 특히 커뮤니티 플랫폼, 그러니까 소통 창구 역할을 톡톡히 한다. 팬카페와 SNS의 장점을 아우른 게 특징이다. 일단 가입만 하면 누구나 글을 남길 수 있다. 응원봉 아이콘은 인스타그램의 '좋아요'와 같은 기능이다. 응원을 많이 받은 게시물은 '지금 뜨는 포스트'로 소개된다. 팬들이 쓴 포스트 중 엄청난 필력의 '띵문(명문)'을 발견하면 책갈피 아이콘을 눌러 보자. '나의 활동내역'의 'Bookmarks(북마크)' 섹션에 저장돼 있을 것이다. 팬아트를 기막히게 그린다거나 짤 생성에 능한 금손 팬의 포스트를 빠짐없이 보고 싶으면 해당 팬을 팔로우할 수도 있다. 해당 팬의 피드에 들어가서 '구독하기'를 누른 다음, '나의 활동 내역'의 'Subscriptions(구독)' 섹션을 확인해 보자.

가장 중요한 건 아티스트와의 소통이다. 포스트를 작성할 때 해시태그 '#To_가수이름(영문)'을 붙여 보자. 아티스트에게 보내는 'To Artist' 섹션으로 자동 분류된다. 반대로 내가 쓴 글을 아티스트가 읽지 않길 바랄 수 있다. 하단의 'Hide from Artist(아티스트에게 숨기기)'를 누른 뒤 작성하면 된다. 아티스트는 포스트 외에 '모먼트'를 남길 수도 있다. 인스타그램의 '스토리' 기능과 비슷하다. 응원하기와 댓글달기가 일정 시간 동안만 열리기 때문에 '모먼트'를 함께 즐기기 위해서는 타이밍이 중요하다. 'Media' 섹션에선 유·무료 콘텐츠를 볼 수 있고 'Live' 섹션에서는 실시간 방송을 시청할 수 있다. 그밖에도 대중문화 칼럼니스트의 기사를 소개하는 '위버스 매거진' 등 알차게 구성돼 있다.

리슨

리슨은 공개 채팅과 버블 서비스를 제공한다. 채팅 서비스는 카카오톡과 비슷하다. 내가 등록한 친구와의 채팅은 물론, 오픈채팅방에서 모르는 사람과 이야기를 나눌 수 있다. 하지만 뭐니 뭐니 해도 리슨의 꽃은 '버블'이다. 버블은 아티스트가 직접 참여하는 프라이빗 메시지 서비스로, 유료 서비스에 가입하면 구독한 아티스트에게 메시지를 받아볼 수 있다. 답장을 보내는 것도 가능하다. 아티스트와 일대일로 대화하는 건 아니지만 '저녁 먹었어?', '뭐 해?' 같은 메시지에 답장하면 그와 카카오톡 대화를 주고받는 기분이 든다. 다만 SM엔터테인먼트 소속이 아닌 연예인의 버블 서비스는 별도 애플리케이션에서 제공된다. 예를 들어 JYP엔터테인먼트 소속 걸그룹 트와이스의 버블을 구독하고 싶으면, 'bubble for JYPnation' 애플리케이션을 이용해야 한다.

커뮤니티를 이용하다 보면 '별다줄(별걸 다 줄이는)'을 자주 목격한다. 덕후 용어가 낯선 이들을 위해 기본적인 표현을 정리해 봤다. 덕질을 하다가 모르는 단어가 보이면 아래 내용을 참고하자.

머글	팬이 아닌 일반인
일코	일반인 코스프레의 줄임말로, 자신이 덕후임을 숨기는 행위
덕계못	'덕후는 계를 못 탄다'의 줄임말
덕업일치	덕질과 직업이 일치함을 이르는 말
떡밥	아티스트에 관한 새로운 정보 또는 콘텐츠와 연결된 요소나 알려지지 않은 사실을 유추할 수 있게끔 심어 놓은 내용

궁예	앞일을 미리 예측하거나 속내를 예상하는 행동
스밍	스트리밍
숨스밍	숨 쉬듯 스트리밍
입스밍	입으로만 스트리밍의 줄임말로, 스트리밍 한다는 말만 할 뿐 실제로 스트리밍 하지 않는 것을 이르는 말
뮤스	뮤직비디오 스트리밍
서수	국내 최대 음원사이트 멜론을 지칭하는 서양 수박의 줄임말
총공	총공격의 줄임말로, 특정 시간대에 특정 곡을 스트리밍 및 다운로드하는 등 팬들의 단체 행동을 보여 줌 또는 그런 행위
이선좌	'이미 선택된 좌석입니다'의 줄임말로, 공연을 예매할 때 자신이 선택하려던 좌석이 다른 관객에게 먼저 넘어간 상황
포도알	공연 예매창에서 아직 팔리지 않고 남아 있는 좌석
눈밭	공연 예매창에서 이미 팔린 좌석
취켓팅	취소와 티켓팅의 합성어로, 정해진 기간 안에 티켓 값을 지불하지 않아 자동으로 취소된 표를 예매하는 행위
피켓팅	피와 티켓팅의 합성어로, 피가 튈만큼 치열한 티켓팅
용병	티켓팅을 대신 해 주는 사람

맛과 분위기 모두 즐기는 편의점 연금'술'사가 되려면

일주일에 한 번은 술자리를 가지는 김고민 씨는 음주에 진심이다. 고민 씨는 우연히 유튜브에서 본 '홈텐딩(홈+바텐딩)' 영상을 보고 반신반의하며 편의점표 칵테일을 만들어 봤는데, 맛과 분위기가 상상 이상이었다. 고민 씨처럼 집에서 편하게 술을 즐기고 싶은 애주가를 위해 편의점 재료로 만들 수 있는 칵테일 레시피와 그 후기를 소개한다.

1. 소주의 변신은 무죄? 깡소주는 가라

보통 소주는 단일 주종으로 마시거나 소맥을 위한 재료로 사용한다. 알고 보면 소주는 칵테일 베이스로도 좋은 술이다. 이제는 깡소주 대신 소주 칵테일을 즐겨 보자.

메로나 소주 칵테일: 소주+사이다+아이스크림

2010년대 후반, 20대에게 엄청난 센세이션을 일으킨 칵테일. 이른바 알쓰(술이 약한 사람)도 부담 없이 즐길 수 있는 환상 조합으로 극찬받았다. 달콤한 메로나와 톡 쏘는 탄산이 만나 생기는 부드러운 크림 거품은 한 번 맛보면 잊을 수 없다. 가볍게 마실 수 있는 만큼 과음하기 쉬우니 주의할 것.

오늘의 꿀팁: 메로나 대신 스크류바, 죠스바, 탱크보이 등을 넣으면 색다른 칵테일의 신세계를 만날 수 있다.

어제의 후기: 메로나와 탄산이 만나 탄생한 수줍은 거품을 조심스럽게 머금었다. 눈을 감았다. 누가 뭐래도 계란 흰자를 수천 번 휘저어 만든 머랭 크림 맛이다. 정말로 매력적.

밀키스 블루 레모네이드: 소주+밀키스+블루레모네이드

이미 편의점 음료 꿀조합으로 널리 알려진 밀키스 블루 레모네이드. 여기에 알코올이 더해지면 금상첨화다. 핵심은 색감. 하얀 밀키스와 블루 레모네이드의 그러데이션을 멍하게 보고 있으면 시원한 바다에 있는 착각이 든다. 눈과 입이 모두 즐거운 강추 칵테일.

오늘의 꿀팁: 섞기 전에 하얀색과 파란색의 오묘한 조화를 감상하자.

어제의 후기: 상큼함과 부드러움이 동시에 느껴졌다. 마지막에 은은

하게 올라오는 알코올 맛. 이건 진짜다!

2. 언제까지 소맥만 먹을래? 맥주로 만드는 이색 칵테일

4캔에 만 원인 맥주는 요즘 편의점 주류의 주인공이다. 언제나 가볍게 즐길 수 있는 든든한 친구지만 매번 똑같이 마시면 질리지 않을까. 익숙한 맥주를 새롭게 즐기는 방법을 알아보자.

더티호: 호가든+기네스

두 가지 맥주를 한 번에 즐기는 맥주 칵테일 대표 주자다. 한때는 스몰비어 베스트 인기 메뉴였다. 맛도 좋지만 검은빛 기네스와 황금빛 호가든이 분리돼 비주얼도 훌륭하다. 두 캔을 따면 더티호 두 잔을 만들 수 있으니 가성비도 훌륭!

오늘의 꿀팁: 완벽하게 분리하려면 섬세하게 기네스를 따르는 집중력이 필요하다. 섞지 말고 원샷 하는 걸 추천.

어제의 후기: 흑맥주의 묵직함에 감탄하고 에일의 산뜻함으로 깔끔한 입가심까지.

레드아이: 버드와이저+토마토주스

서양에선 숙취 해소 목적으로 즐겨 마시는 칵테일. 배우 톰 크루즈 주연의 영화 〈칵테일〉에서 자주 등장해 대중에게도 친숙하다. 레드아이는 숙취로 붉게 충혈된 눈을 의미한다. 가볍고 탄산이 강한 라거 맥주로 만드는 게 좋다.

오늘의 꿀팁: 달걀 노른자를 얹으면 더욱 풍성한 맛을 즐길 수 있다. 절대 비리지 않으니 믿고 시도해 보자.

어제의 후기: 토마토주스를 탄산이 휘감는 낯설지만 싫지 않은 맛. 정말로 술이 깨는 느낌!

오렌지 블랑: 크로넨버그 1664 블랑+오렌지주스

단 하나만 먹을 수 있다면 강력 추천하는 맥주 칵테일. 블랑은 오렌지 껍질 향이 매력적이고 상큼함과 가벼운 목 넘김으로 인기가 많다. 하지만 특유의 향으로 호불호가 갈린다. 오렌지 블랑은 블랑의 상큼함을 한층 더 강화한 칵테일이다.

오늘의 꿀팁: 레몬주스를 추가하면 더욱 산뜻하게 즐길 수 있다.

어제의 후기: 무더위를 한 번에 날리는 시원한 탄산과 상큼한 오렌지 향이 일품. 야외 수영장에서 즐기고 싶은 맛!

3. 편의점 위스키·보드카 무시해? 기분 내고 싶은 오늘

소주와 맥주에서 벗어나 좀 더 비싼 술을 마시고 싶을 때가 있다. 편의점에서도 보드카, 위스키와 같은 주류를 쉽게 구할 수 있다. 대용량이 아닌 200~300ml 병에 든 미니어처를 구매하면 경제적 부담도 덜하다.

소주·맥주 베이스 칵테일도 좋지만 위스키·보드카를 사용하면 확실히 더 고급스러워진다.

조니 하이볼: 조니 워커 레드라벨+슈웹스 레몬토닉+얼음컵

일식 주점에서 많은 사랑을 받고 있는 하이볼. 산토리 위스키로 만든 산토리 하이볼이 대중적. 편의점에서 스카치위스키의 한 종류인 조니 워커를 사용해도 좋다. 등급에 따라 가격 차이가 있다.

오늘의 꿀팁: 슈웹스 레몬토닉이 없으면 토닉워터나 진저에일로도 충분하다.

어제의 후기: 산뜻한 하이볼은 어떤 안주와도 어울리지만 특히 구운 명란과 마요네즈 강력 추천!

예거 밤: 예거 마이스터+레드불

예거 밤은 예거 마이스터를 베이스로 만드는 칵테일이다. 감기약, 활명수, 한약까지……. 오묘한 맛이 나는 예거 마이스터에 에너지 드링크인 레드불을 섞어 만든 예거 밤은 2000년 중반부터 지금까지도 많은 사랑을 받고 있다. 다만 알코올과 카페인의 혼합으로 몸에 무리를 줄 수 있으니 원샷은 금물. 피곤할 때는 피하자.

오늘의 꿀팁: 레드불 대신 핫식스, 몬스터 등 다른 에너지 드링크도

얼마든지 가능하다.

어제의 후기: 예거 특유의 허브 향과 레드불의 탄산이 주는 자극적인 매력이 아직도 입에 남아 있다. 한 잔만으로도 텐션 급상승!

세미 섹스온더비치: 앱솔루트 보드카+크랜베리주스+오렌지주스+이프로 부족할 때+얼음컵

널리 알려진 보드카 기반 칵테일인 섹스온더비치. 복숭아향 리큐르인 피치트리는 편의점에서 구할 수 있는 복숭아향 음료 이프로 부족할 때로 대체할 수 있다. 원래 맛에 비해 아쉬움은 있지만 충분히 맛있다.

오늘의 꿀팁: 보드카는 어떤 음료와도 어울린다. 오렌지주스를 넣으면 스크류드라이버, 크랜베리주스와 자몽주스를 넣으면 씨브리즈가 뚝딱 탄생. 취향에 맞는 음료로 보드카 칵테일을 완성해 보자.

어제의 후기: '상큼'으로 시작해서 '상큼'으로 끝나는 마성의 칵테일. 한 모금 머금으면 어느새 이곳은 해변 위 선베드!

대체 어떤 OTT를 구독할지 고민된다면

이불 밖은 위험하다. 복잡다단한 세상사에서는 안전하고 평화로운 침대 위에 누워 움직이지 않고 가만히 있는 게 불필요한 비용과 에너지를 아끼는 현명한 방법이다. 와이파이가 연결된 100% 완충 스마트폰만 있다면 이불 안에서 다양한 OTT(Over The Top, 인터넷으로 볼 수 있는 영상 콘텐츠 서비스)로 편안하고 즐거운 시간을 보낼 수 있다! 김고민 씨는 어떤 OTT를 구독할지 고민 중이다. 한 번 구독하면 일정 금액이 매달 나가는 구독형 서비스는 조심스럽고 낯설다. 구독을 시작하면 어떻게 활용할 수 있는지, 어떤 서비스를 선택하면 좋을지 미리 알면 후회 없이 선택할 수 있을 것이다. OTT 구독을 망설이는 고민 씨를 위해 국내에 서비스 중인 넷플릭스, 웨이브, 티빙, 왓챠의 특징과 장단점을 소개한다.

1. OTT란 무엇인가

한 달에 7,900원~14,500원을 결제하면 영화, 드라마, 예능 프로그램 등 다양한 영상 콘텐츠를 광고 없이 무제한 시청할 수 있는 서비스다. 요금제가 비쌀수록 화질이 좋고 여러 명이 동시에 시청할 수 있다. 스마트폰뿐 아니라 TV와 PC에서도 이용할 수 있으나, TV에서 이용하려면 스마트TV, 휴대전화와 TV를 연결하는 미러링 기기(크롬캐스트 등), OTT를 지원하는 셋톱박스 등의 장치가 필요하다. 같은 아이디로 접속하면 PC에서 보던 콘텐츠를 스마트폰으로 이어서 볼 수 있고 그 반대도 가능하다. 일부 서비스는 저장 기능이 있어 인터넷 연결 없이도 볼 수 있고, 국내 방송을 라이브로 제공해 기존 TV 대신 볼 수도 있다.

2. OTT 선택 가이드

오리지널 콘텐츠를 원하면 '넷플릭스'

넷플릭스에서만 볼 수 있는 오리지널 콘텐츠가 가장 큰 무기다. 해외 각국에서 제작되는 영화, 드라마는 물론 국내 오리지널 드라마로 꾸준히 제작하고 있다. 〈킹덤〉을 시작으로 〈D.P〉, 〈오징어 게임〉 등 완성도 높은 국내 드라마를 제작해 전 세계에서 화제를 모았다. 봉준호 감독의 〈옥자〉나 〈승리호〉, 〈낙원의 밤〉 같은 영화도 단독 서비스한다. 잘 찾아보면 흥미로운 해외 다큐멘터리도 많고 숨겨진 해외 명작을 발견하는 재미가 있다. 좋은 작품도 많지만 작품 설명이 짧고 불친절해 엉뚱한 망작에 시간을 허비할 수도 있으니 주의할 것. 방송사와 계약을 통해 〈나는 솔로〉, 〈이상한 변호사 우영우〉 같은 일부 국내 예능 프로그램이나 드라마 역시 꾸준히 업데이트하고 있다.

넷플릭스는 언제든 이용할 수 있는 비디오 가게라고 하면 이해가 쉽다. 국가별로 가장 많이 시청한 'TOP10 콘텐츠'와 '지금 뜨는 콘텐츠', '신규 콘텐츠', '오리지널 콘텐츠' 등을 추천해 준다. 구독자가 감상한 작품이나 찜한 작품 등의 데이터를 활용해 추천 목록이 계속 바뀐다. 왓챠가 국내 이용자를 전제로 큐레이션 하는 느낌이라면, 넷플릭스는 전 세계 구독자를 대상으로 한다. 때문에 북미와 유럽, 동남아시아, 인도 등 다양한 국가의 작품을 감상할 수 있다. 포스터가 아닌 이미지로 다양한 썸네일을 보여 준다는 점 역시 독특한 장점이다.

일반화질로 1명 시청 가능한 9,500원의 '베이식', HD화질로 2명 시청 가능한 13,500원의 '스탠더드', UHD화질로 4명 시청 가능한 17,000원의 '프리미엄'으로 요금제를 선택할 수 있다(2022년 9월 기준). 저장 기능과 자막 기능이 있어 원하는 장소와 환경에 따라 활용할 수 있다. 프리미엄 요금제를 이용하면 큰 화면에서도 깨지지 않는 훌륭한 화질을 자랑한다. 오프닝 건너뛰기 기능과 자동으로 다음 회차로 넘어가는 기능이 있어 드라마를 몰아보기 좋다.

KBS, MBC, SBS 방송은 '웨이브'

지상파 방송이 주요 콘텐츠인 방송 특화 OTT 서비스다. MBC 〈놀면 뭐 하니〉, SBS 〈런닝맨〉, KBS2 〈1박 2일〉 등 국내 주요 예능 프로그램과 지상파 드라마가 오리지널 콘텐츠이자 경쟁력이다. 넷플릭스에서 종종 볼 수 있는 tvN, JTBC 콘텐츠와 달리 지상파 3사 콘텐츠는 대부분 웨이브에서만 감상할 수 있다. MBN, TV조선 등 JTBC를 제외한 종편 채널 콘텐츠 역시 라이브와 VOD 감상이 가능하다. 〈모범택시〉, 〈검은 태양〉, 〈이렇게 된 이상 청와대로 간다〉 등 국내 오리지널 콘텐츠 제작에도 공들이고 있다. 2021년 OTT 플랫폼 HBO와 손잡고 〈왕좌의 게임〉, 〈체르노빌〉 등을 국내에 독점 서비스한다.

지상파 방송 외에도 종편부터 각종 홈쇼핑, 영화, 경제 등 100개 이상의 채널을 실시간으로 볼 수 있어 기존 IPTV 셋톱박스로 보던 TV를 대체할 수 있는 OTT다. 넷플릭스와 왓챠에서 서비스되지 않는 최신 지상파 드라마와 예능을 보려고 가입하는 경우가 많다. 2022년 30여 편의 오리지널 콘텐츠를 공개하는 웨이브는 2025년까지 콘텐츠에 1조 원을 투자해 오리지널 작품을 계속 제작할 예정이다.

HD 화질로 1명이 시청 가능한 7,900원의 '베이식', FHD 화질로 2명이 시청 가능한 10,900원의 '스탠더드', 최고화질로 4명까지 시청 가능한

13,900원의 '프리미엄' 이용권이 있다(2022년 9월 기준). 오리지널 콘텐츠를 중심으로 한국 콘텐츠 자막을 제작하고 있다. 오프닝 건너뛰기가 가능하지만 다음 회차 자동 재생 기능은 아직 도입되지 않았다. 빠르게 보고 싶은 시청자를 위한 재생 속도 조절 기능이 눈에 띈다. 퀵 VOD 기능도 있어 실시간으로 방송 중인 프로그램이 종료하기 전에도 VOD로 감상할 수 있다.

tvN, JTBC 드라마와 예능을 좋아하면 '티빙'

JTBC와 CJ 계열 방송이 주력 콘텐츠다. 지상파 방송을 제외한 종편, 케이블 채널은 대부분 티빙에서 볼 수 있다. 일부 드라마와 예능은 넷플릭스에서도 볼 수 있지만 티빙엔 더 많다. 〈여고 추리반〉과 〈환승연애〉, 〈서울 체크인〉 등의 예능과 〈유미의 세포들〉, 〈술꾼 도시 여자들〉 등의 드라마처럼 은근히 볼만한 오리지널 콘텐츠가 많다. 넷플릭스를 통해 tvN, JTBC 방송을 볼 수 있어도 티빙 가입을 고민하게 만드는 이유다.

웨이브가 HBO와 손잡았다면 티빙은 파라마운트+와 전략적 제휴를 맺고 2022년 6월부터 게임 원작 드라마 〈헤일로〉 등 다양한 작품을 선보이고 있다. 2022년 12월 KT에서 서비스하는 OTT 시즌과 합병하면 웨이브보다 커질 가능성이 높다. 2021년 오리지널 콘텐츠에 8천억 원을 투자하는 등 새로운 작품들이 꾸준히 나올 전망이다.

720p 화질로 1명이 시청 가능한 7,900원의 '베이식'부터 1080p 화

질로 2명이 시청 가능한 10,900원의 '스탠더드', 1080p+4K 화질(일부 콘텐츠)로 4명까지 시청 가능한 13,900원의 '프리미엄' 이용권이 있다(2022년 9월 기준). 연간 이용권을 구매하면 25% 할인된 금액으로 이용할 수 있다. 일부 프로그램은 퀵 VOD 기능으로 실시간 방송 시작 5분 후 VOD를 시청할 수 있다. 오프닝 건너뛰기, 재생 속도 조절 기능이 있다. 터치 혹은 클릭하면 다음 회차를 바로 볼 수 있는 기능이 있다.

보석 같은 영화나 미드를 찾고 싶다면 '왓챠'

이용자가 매긴 별점으로 영화를 추천하는 서비스에서 시작한 국내 OTT 서비스다. 해외 명작 드라마를 모아 놓은 '왓챠 익스클루시브'가 '넷플릭스 오리지널'에 맞서는 주요 콘텐츠다. 〈킬링 이브〉, 〈이어즈&이어즈〉 등 해외에서 호평받은 드라마를 서비스한다. 넷플릭스에 없는 국내 영화나 고전 영화들을 만날 수 있는 것도 장점이다. 국내 예능이나 드라마, 일본 드라마도 다양한 편이다. 〈시멘틱 에러〉 등 오리지널 콘텐츠를 제작하고 있지만 그 수가 많진 않다.

영화, 드라마, 예능, 다큐, 애니메이션까지 다양한 작품을 보유하고 있다. 넷플릭스에 의외로 볼 만한 영화가 없다고 느낀 구독자가 왓챠 가입을 고려하는 경우가 많다. 넷플릭스에 없는 작품이 왓챠에 있고, 왓챠에 없는 작품이 넷플릭스에 있는 식이다. 영화에 별점을 매기고 리뷰를 적는 왓챠피디아와 연계한 큐레이션 시스템이 있고 '강렬한', '철학적인', '어두운' 등 특정 키워드로 검색도 가능하다.

FHD 화질로 1명이 시청 가능한 7,900원의 '베이식', UHD 4K 화질로 4명까지 시청 가능한 12,900원의 '프리미엄' 요금제가 있다(2022년 9월 기준). 넷플릭스처럼 저장과 자막 기능이 있어 활용성이 좋다. 과거엔 콘텐츠에 따라 화질 편차가 컸으나 최근 많이 개선됐다. 오프닝 건너뛰기와 다음 회차 자동 재생 기능 등 넷플릭스와 이용방법이 비슷하다.

3. 알아두면 좋은 OTT 이용팁

한 가지 서비스만 이용하란 법은 없다. 자신의 취향에 따라 여러 가지 조합이 가능하다. 영화와 미드를 좋아하면 '넷플릭스+왓챠', 국내 방송을 좋아하면 '웨이브+티빙' 등을 고려해 볼 만하다. '넷플릭스+티빙', '왓챠+웨이브' 조합도 충분히 가능하다.

4명까지 동시접속이 가능한 요금제를 눈여겨볼 필요가 있다. 서비스를 함께 볼 가족이나 친구를 섭외해서 n분의 1로 요금을 나눠 내면 훨씬 저렴하게 즐길 수 있다. 온라인에서 OTT를 함께 구독할 사람들을 모으는 방법도 있으나 사기당할 위험이 있다는 데 주의하자.

자신이 좋아하는 작품이 어느 OTT에 있는지 미리 확인해 보는 것도 좋다. 일일이 검색하기 어렵다면 왓챠와 연계된 '왓챠피디아'나 '저스트와치'를 이용해 보자. 작품 이름을 검색하면 어느 OTT에서 무료 혹은 유료로 볼 수 있는지 알려 준다.

OTT에서 서비스하는 작품이 달라지는 경우도 많다. 어제까진 넷플릭스에서 볼 수 있던 작품을 다음 날엔 티빙에서만 볼 수 있게 되는 식이다. 보고 싶은 작품을 놓치지 않으려면 어떤 작품이 서비스를 중단하는지 체크해야 한다. 왓챠와 웨이브, 넷플릭스는 알림을 통해 신규 등록 작품을 확인할 수 있고 티빙은 공지사항을 통해 확인할 수 있다.

애타게 기다리는 작품이 있다면 OTT에 올라오는 공지보다 한발 앞서 확인하는 방법이 있다. 국내 OTT에서 서비스되는 모든 작품은 영상물등급위원회에서 시청 등급을 받아야 한다. 영상물등급위원회에서 공개하는 '등급분류검색'의 목록을 확인해 보면 해당 작품이 언제쯤 OTT에 올라올지 미리 내다볼 수 있다.

콘솔 게임기 3대장 중 하나만 고르려면

직장 동료 집에 놀러 갔다가 콘솔 게임기의 재미를 느껴 버린 김고민 씨. 내년엔 플스(플레이스테이션), 엑박(엑스박스) 같은 콘솔 게임기를 사려는데 어떤 게 좋은지 모르겠다. 그러고 보니 주변에 닌텐도 스위치를 하는 지인도 많다. 콘솔 게임기를 사는 건 게임의 역사와 전통을 꿰고 있는 게이머에게도, 유튜브로 구경만 해 본 게임 초보자에게도 똑같이 낯설고 어려운 일이다. 뭘 사야 할지 고민에 빠진 김고민 씨를 위해 '콘솔 3대장'이라 불리는 플스, 엑박, 스위치를 소개한다.

1. 어떤 게임이 있나?

콘솔마다 어떤 '독점작'이 있는지 살펴보자. 독점작은 해당 콘솔에서만 플레이할 수 있는 게임을 의미한다. 이는 콘솔 게임 시장에서도 핵심 승부처로 꼽힌다. 최근 수가 줄고 있지만 1년에 1편씩은 특정 플랫폼에서만 출시하는 기간 독점작이 나온다. 다음 독점작 리스트를 살펴보며 해 보고 싶은 게임이 있는 콘솔을 기억해 두자.

플스 독점작: 〈갓 오브 워〉, 〈더 라스트 오브 어스 1·2〉, 〈고스트 오브 쓰시마〉, 〈마블 스파이더맨〉 시리즈, 〈데몬즈 소울(리마스터)〉
엑박 독점작: 〈기어스 오브 워: 얼티밋 에디션〉, 〈헤일로 5: 가디언즈〉, 〈포르자 모터스포츠〉 시리즈
스위치 독점작: 〈모여봐요 동물의 숲〉, 〈젤다의 전설 브레스 오브 더 와일드〉, 〈포켓몬스터 소드·실드〉, 〈슈퍼마리오 오디세이〉, 〈링 피트 어드벤처〉

독점작 라인업, 어디가 가장 많을까?

플스가 엑박보다 독점작 라인업이 탄탄하다. 취향에 따라 다르겠지만, 일반적으로 플스 독점작이 대중적 인지도가 높고 수작이란 평가를 받았다. 2018년 'Game of the Year(GOTY)'를 수상한 〈갓 오브 워〉를 해 보고 싶다면 플스4를 사야 한다.
닌텐도 게임을 즐기고 싶다면 스위치를 구매해야 한다. 닌텐도에서 출시하는 게임은 다른 플랫폼에서 출시하지 않는다. 〈젤다의 전설 브레스 오브 더 와일드〉 하나로도 스위치를 살 이유는 충분하다.

---

2. 구매 팁이 있을까?

플스: 플스4 타이틀을 잘 살펴보면 빨간 줄과 함께 'PlayStation Hits'라는 문구가 적혀 있다. 글로벌 유저들에게 사랑받은 작품을 보다 합리적인 가격으로 제공하는 시리즈다. 명작을 저렴한 가격에 즐길 수 있다. 가격은 22,800원으로 고정됐다(이하 2022년 9월 기준).

멀티플레이를 즐기려면 '플스+' 서비스에 가입해야 한다. 솔로플레이를 주로 즐기는 유저라도 한 번쯤 가입을 고려해 볼 만하다. 플스+에 가입하면 매달 무료게임과 타이틀 추가할인, 온라인 스토리지 등의 혜택을 체험할 수 있다. 무료 게임도 퀄리티가 떨어지지 않는다. 가격은 12개월 기준 44,900원이다.

엑스박스: 통신사 SKT 이용자는 엑스박스 구매를 고려할 만하다. '엑스박스 올 엑세스'는 매월 이용 요금을 내고 엑스박스 최신형 콘솔과 클라우드 기반 모바일·PC 게임을 즐길 수 있는 구독형 게임 상품이다. 시리즈X는 24개월 동안 월 35,900원, 시리즈S는 월 27,900원을 내면 이용할 수 있다. 24개월 약정기간이 끝나면 콘솔은 가입자가 소유한다. 이용자는 언제 어디서나 엑스박스가 제공하는 100여 개의 게임을 즐길 수 있다. 모바일로도 이용 가능하다. 24개월이 지나도 100여 개의 게임은 계속 플레이할 수 있다.

스위치: 스위치 역시 멀티플레이를 하려면 닌텐도 스위치 온라인 서

비스에 가입해야 한다. 가족이나 친구 중 스위치 유저가 있으면 공동구매도 가능하다. 12개월 기준 닌텐도 스위치 온라인 서비스 패밀리의 가격은 37,900원. 본인을 제외한 7명이 사용할 수 있다. 1명이 12개월 서비스를 구독하려면 19,900원이 필요하다. 하나의 넷플릭스 계정을 여럿이 공유하는 것처럼 2명만 모아서 가입해도 이득이다.

3. 당신의 게임 스타일은?

자신의 게임 스타일을 파악해 보자. 집 안에서 홀로 게임을 즐기는 유저도 있고, 이동 중 틈틈이 게임을 즐기는 유저도 있다. 주로 언제 어떤 용도로 게임을 하는지 생각해 보자. 각자 성향에 적합한 콘솔을 고르면 후회 없이 선택할 수 있다.

연인·가족과 함께 즐기려면: 닌텐도 스위치. 2인용 플레이를 지원하는 게임이 많다.

나 홀로 즐기려면: 플스 또는 엑박. 콘솔과 함께라면 약속 없는 주말이 더 이상 두렵지 않다.

틈틈이 게임을 즐기고 싶다면: 닌텐도 스위치. 휴대성이 좋은 콘솔이다.

헤비 게이머라면: 마음 가는 것을 고르면 된다. '플스+스위치' 또는 '엑박+스위치' 조합도 고려할 만하다.

마음만 산악인인 등산 초보가 첫 산행을 준비한다면

주말마다 집에서 OTT만 보고 게임만 즐기던 김고민 씨는 부쩍 약해진 체력과 화창한 날씨를 생각하며 야외 활동에 나서기로 한다. SNS에 올라오는 친구들의 등산 사진을 보며 이거다 싶지만, 당장 무엇부터 해야 할지 모르겠다. 등산 경험도, 장비도 없고 체력도 자신이 없다. 하지만 산악인에게도 초보 시절은 있는 법! 본격적인 등산을 시작하기 전, 고민 씨가 알아 두면 좋은 몇 가지 등산 팁을 소개한다.

1. 등산 기본 아이템

생수

필수품 중의 필수품. 물은 대충 근처 약수터에서 마시면 되지 않을까 하는 생각은 접어 두자. 등산하면 땀이 많이 난다. 심하면 탈수까지 생길 수 있다. 500ml 생수 1병으로는 어림도 없다. 물은 되도록 넉넉히 챙기는 게 좋다. 땀을 많이 흘리는 편이라면 과하게 챙겨도 좋다. 이온음료도 OK.

간식

등산은 체력 소모가 큰 활동이다. 초코바나 사탕처럼 떨어진 체력을 빠르게 회복시켜 주는 간식을 준비하는 건 어떨까. 수분이 풍부하고 쓰레기가 적게 나오는 과일도 좋은 아이템이다.

보조 배터리와 호루라기

산행 중 발생할 수 있는 위험에 대비해 여분의 휴대전화 보조 배터리를 챙기는 게 좋다. 홀로 등산을 하다가 길을 잃거나 다칠 수도 있기 때문이다. 긴급 상황(초보자 코스에선 이런 일이 발생할 확률은 낮지만)이 발생하면 호루라기를 세게 불어 주변에 도움을 요청하자.

등산복과 외투

땀 흡수가 잘 되고 통기성이 좋은 옷을 입는 게 좋다. 산 정상에 갈수록 바람이 세게 분다. 땀이 마르면 체온이 급격히 내려갈 수 있으니 외투도 필요하다.

등산화

발목을 덮는 등산화를 장착하자. 산길은 생각보다 불규칙하고 험준하다. 등산화는 발을 보호하고 충격을 완화시켜 무릎이나 발목 관절에 무리가 덜 가게 해 준다. 6만 원에서 20만 원까지 다양한 가격대의 등산화가 있으니 주머니 사정을 고려해 구입하자.

무릎 보호대 혹은 스틱

흔히 하산이 쉽다고 착각하지만, 산을 올라갈 때보다 내려갈 때 무릎에 피로가 쌓여 부상이 더 많이 발생한다. 내리막길에선 무릎에 필요한 힘이 평지보다 2~3배 높기 때문이다. 준비가 과해 보여도 무릎 보호대와 스틱 둘 중 하나는 꼭 챙기자.

2. 등산 전 꼭 기억해야 할 것

등산은 타임어택이 아니다

충분한 휴식을 취하고 페이스를 조절하며 산에 오르자. 의욕이 넘쳐 경쟁하듯 빠르게 산에 오를 필요가 없다. 평소 운동을 하지 않다가 갑자기 무리하면 근육에 쥐가 나거나 호흡 곤란이 발생할 수 있다. 산에서 내려갈 때는 뛰지 말고 좁은 보폭으로 걸어야 넘어질 위험이 줄어든다. 초보자일수록 자기 능력을 과대평가하기 쉬우니 주의하자.

등산 스틱은 몸 앞으로

등산 스틱은 배낭에 꽂는 것보다 몸 앞쪽으로 들어야 안전하다. 등산 스틱 끝에 날카로운 쇠붙이가 달려 있어 잘못하면 뒤에 올라오는 사람을 다치게 할 수 있다. 어쩔 수 없이 배낭에 고정해야 한다면 반드시 스파이크를 아래로 향하게 하고 고무 캡을 씌우자.

길을 잃으면 왔던 길로

낮고 가파르지 않은 산은 크게 위험하지 않지만 길을 잃거나 부상을 입어 조난당할 위험은 항상 있다. 산에서 길을 잃으면 왔던 길을 따라 그대로 되돌아가는 게 좋다. 왔던 길로 돌아갈 자신이 없거나, 해가 져서 어두워지거나, 안개로 앞이 보이지 않을 땐 무리하게 움직이지 말자. 119에 전화해 조난 상황을 알리고 구조를 요청하는 것이 낫다. 구조대가 올 때까지 침착하게 준비한 겉옷을 입고 체온을 유지하자.

음주와 흡연 금지

산에서 음주와 흡연은 절대 금지! 무심코 버린 담배꽁초로 화재가 발생할 위험이 크고, 술을 마시면 지각 능력이 떨어져 등산 도중 실족해서 추락하는 사고로 이어질 수 있으니 주의하자.

3. 초보자 등산로 추천

처음부터 욕심을 부리면 위험하다. 초보자도 올라갈 수 있는 산에서 충분히 경험을 닦아 보자. 같은 산이어도 코스에 따라 난이도가 다르다. 여러 코스를 번갈아 도전해 보는 것도 좋은 방법이다. 등산 초보자가 오르기 좋은 수도권 산과 코스들을 살펴보자.

인왕산 [난이도: ✦ / 경복궁역 인근, 약 2시간]

경복궁역 1번 출구에서 사직단, 범바위를 거쳐 정상으로 이어지는 코스다. 정상까지 편도 1시간이면 가능한 짧은 코스로, 성곽길과 남산타워 등 서울의 풍경을 한눈에 볼 수 있다. 등산로가 잘 정비돼 있어 초보자에게 특화된 산.

아차산 [난이도: ✦ / 아차산역 인근, 약 2~3시간]

아차산역에서 출발해 아차산 생태공원, 고구려정, 해맞이 광장을 거쳐 정상으로 이어지는 코스다. 30분만 올라도 잠실타워와 한강이 보인다. 일몰과 야경으로도 유명. 인근 용마산까지 연계할 수 있으니 체력이 된다면 고려해 보자.

관악산 [난이도: ✦✦ / 사당역 인근, 3시간 이상]

사당역에서부터 하마바위와 마당바위가 있는 관악능선, 연주대를 지나 정상으로 이어지는 코스다. 쉬운 난이도는 아니지만 천천히 오르면 초보 등산객도 문제없다. 경기 5악이라 불리는 명산답게 서울의 도심과 한강 등 최고의 풍경을 맛볼 수 있다.

북한산 [난이도: ✦✦ / 구파발역 인근, 3시간 이상]

구파발역에서 출발해 북한산성 탐방지원센터, 대서문길, 백운대를 거쳐 정상에 이르는 코스다. 등산에 조금 익숙해졌다면 도전해 보자. 곳

곳에 병풍처럼 펼쳐진 암벽들이 장관인 코스다.

4. 더 재밌게 등산하는 방법

기부 챌린지

등산객을 위한 다양한 기부 챌린지가 있다. 대표적인 게 월드비전의 '글로벌 6K 하이킹'이다. 단체가 선정한 300대 산 정상에서 인증 사진을 찍어 SNS에 올리면 참가비가 아프리카 식수위생 사업에 기부된다. 등산용품 브랜드 업체도 상품을 걸고 주기적으로 챌린지를 진행한다. 등산 전 챌린지를 찾아보고 참여하면 산에 오르는 재미가 배가 된다.

플로깅(plogging)

등산하면서 쓰레기를 주워 보자. 일회용 장갑을 끼고 쓰레기봉투를 채우며 산을 오르는 문화가 요즘 트렌드다. 쓰레기로 가득 채운 봉투와 깨끗해진 길을 찍어 SNS에 올리면 뿌듯함이 밀려올 것이다. 등산도 즐기고 환경도 챙기고, 일석이조!

등산할 산을 고르는 방법

가고 싶은 산 이름을 넣어서 '○○산 초보코스'라고 검색하면 쉽게 정보를 얻을 수 있다. 한라산, 지리산 등 까마득한 고산(高山)에도 1시간 내로 걷는 초보자 코스가 있으니, 첫 산행을 너무 두려워만 하지 말자

집구석 야구팬이 첫 야구장 직관을 하려면

김고민 씨에게 새로운 취미가 생겼다. 집에서 TV 리모컨을 돌리다가 우연히 접한 프로야구의 매력에 푹 빠진 것. 직접 야구장을 찾아 경기를 보고 싶은 마음이 굴뚝같지만 좀처럼 엄두가 나지 않는다. 야구장의 '야'자도 모르지만 야구장에 가 보고 싶은 고민 씨를 위해 알아 두면 좋은 야구장 방문 팁을 소개한다.

1. 티켓 구매하기

야구경기 티켓은 온라인 예매를 추천한다. 경기가 열리는 당일 야구장 매표소에서 티켓을 직접 구매하는 방법도 있다. 하지만 주말 경기나 관심도가 높은 경기는 이미 표가 바닥났거나 원하는 좌석을 구하기 힘들 가능성이 크다.

구단에 따라 티켓링크(NC 다이노스, kt wiz, LG 트윈스, KIA 타이거즈,

삼성 라이온즈, 한화 이글스)와 인터파크(키움 히어로즈, 두산 베어스, SSG 랜더스), 구단 홈페이지(롯데자이언츠)에서 온라인 예매가 가능하다. 일반적으로 티켓 예매 페이지는 경기 일주일 전에 열린다. 야구장에 갈 계획이 있다면 넉넉히 여유를 두고 예매하자. 전날이나 당일 예매도 가능하지만 원하는 좌석이 빠질 수도 있다.

2. 좌석 고르기

야구를 보러 갈 날짜와 야구장을 정했다면 이제 좌석을 선택할 차례다. 야구장 좌석은 홈/원정팀으로 구분된다는 걸 알아 두자. 원정팀 좌석에 앉아 홈팀을 응원해도 괜찮지만 경기 분위기가 험악해진 상황에서 과한 응원과 엉뚱한 발언으로 상대팀 응원단을 도발할 수 있으니 눈치껏 행동하자. 홈팀 응원석은 보통 1루 가까운 쪽에 있다. 원정팀 응원석은 반대편인 3루 가까운 쪽에 자리한다. 예를 들어 LG의 홈구장인 서울 잠실야구장에서 LG 트윈스와 롯데 자이언츠가 경기를 한다면, 원정팀인 롯데를 응원하는 야구팬은 3루 쪽 좌석을 예매하는 게 좋다. 단, 대구 라이온즈파크, 기아 챔피언스필드는 홈팀 응원석이 3루 쪽에 있으니 수의할 것!

응원석: 야구는 응원하는 맛이지

응원가를 부르며 야구를 즐기고 싶다면 응원석을 적극 추천한다. 야구장 관람객 대부분은 신나게 응원하려고 야구장을 찾는다고 해도 과언이 아니다. 야구장이 하나의 거대한 노래방이란 표현도 있다. 야구장 전체가 울릴 정도로 큰 소리가 흘러나오는 앰프가 있어 야구장 어디서나 응원할 수 있지만, 응원석은 응원 전문가 및 충성도 높은 팬이 모인 곳이라 응원 열기가 더 뜨겁다. 응원단장과 치어리더의 지휘도 응원하는 맛을 배가시킨다.

구장 별로 응원지정석부터 레드지정석, 블루존 등 응원석 명칭이 다르다. 응원단장과 치어리더가 자리한 응원단상 주변은 '응세권'이라고도 한다. 잠실야구장 기준 주중(월~목) 15,000원에서 16,000원, 주말(금~일) 17,000원에서 18,000원이다.

테이블석: 야구는 역시 '치맥'

치킨과 맥주 등을 먹으며 야구를 보고 싶다면 테이블석을 추천한다. 평소 자주 먹는 음식도 야구장에서 먹으면 더욱 꿀맛이다. 테이블석은 데이트를 즐기는 커플이나 아이와 함께하는 가족에게 안성맞춤이다. 전망도 좋은 편인데, 일반석에 비해 가격이 두 배 정도 비싸다. 잠실야구장 기준으로 주중 43,000원, 주말 48,000원이다.

야구장 내 가게에서 음식을 구입할 수 있다. 외부 음식을 사서 입장해도 괜찮다. 단, 맥주 등 캔 음료는 야구장 내에서만 구입할 수 있는 게 원칙이다. 일반석에서 음식을 섭취할 수도 있지만 테이블 없이 무릎에 올려놔야 해서 불편하다. 맥주를 쏟기라도 하면 그날 야구 관람을 망칠 수도 있으니 주의하자.

외야석: 홈런볼의 주인공은 나야 나

홈런볼을 주울 수 있는 건 외야석의 특권이다. 플레이오프나 한국시리즈 등 특별한 경기가 아니면 현장에서도 쉽게 티켓을 구입할 수 있다. 가격도 잠실야구장 기준 주중 8,000원, 주말 9,000원으로 매우 저렴하다. 외야석은 지정석이 아니라 자유롭게 앉을 수 있다. 경기가 중후반으로 흘러가면 맥주 한 캔을 들고 외야석 꼭대기로 올라가 야구장 가장 높은 곳에서 경기를 감상하는 것도 좋다. 일부 구장은 외야석을 잔디로 꾸며서 피크닉 기분을 낼 수도 있다. 다만 외야수를 제외한 선수들과 거리가 멀어 전광판으로 상황을 파악해야 한다는 게 단점이다.

익사이팅존: 야구를 더 짜릿하게 감상하려면

생생하게 야구를 즐기고 싶으면 익사이팅존으로 가야 한다. 온전히 야구 경기에 집중하려면 집에서 TV 중계를 보는 게 가장 좋다. 중계 화면으로 선수 표정부터 투수가 던지는 구종 등 세밀한 경기 상황을 지켜볼 수 있다. 실제로 야구장에서 경기가 잘 안 보여 스마트폰으로 야구 중계를 시청하는 일부 관객도 있다. 하지만 야구장에서 선수들을 가장 가까이서 볼 수 있는 익사이팅존은 다르다. 타자가 투수의 공을 받아칠 때 나는 강렬한 타격음과 선수단의 목소리를 생생하게 접할 수 있다. 가끔 강한 파울 타구가 눈앞까지 날아오는 짜릿한 경험도 할 수 있다. 탄력 좋은 그물이 설치돼 있고, 그물과 좌석 간 안전거리도 확보된다. 가격은 잠실야구장 기준 주중 23,000원, 주말 28,000원이다.

스카이박스: 우리만의 공간이 필요해

가족이나 친구, 직장 동료들과 단체로 야구장을 가려면 스카이박스를 추천한다. 큰 테이블과 TV, 안락한 소파 등이 마련된 방에서 야구장을 향해 트인 야외 테라스를 자유롭게 오가며 야구 경기를 볼 수 있다. 춥거나 더운 날씨 영향도 받지 않고 다른 관객과 동선이 겹치지 않아 쾌적하다. 창원NC파크 스카이박스는 5명부터 무려 36명까지 수용할 수 있다. 가격대는 5인 기준 주중 22만 5,000원, 주말 25만 원이다. 비싼 가격에도 인기가 많아 예매 난이도가 '하늘의 별 따기'수준이다.

3. 알아 두면 좋은 야구장 안전수칙

준비물 꼼꼼하게 챙기기

선크림, 모자, 선글라스, 얇은 외투, 미니 선풍기 등을 미리 챙기자. 야구장엔 그늘이 거의 없다. 야구 시즌인 봄, 여름엔 햇빛이 매우 강하다. 눈과 피부를 보호하려면 선크림을 꼼꼼히 바르고, 모자와 선글라스를 쓰자. 특히 여름의 야구장은 정말 덥다. 미니 선풍기나 작은 부채를 들고 가야 더위를 이기며 경기를 볼 수 있다. 일교차가 큰 봄과 가을엔 얇은 외투를 챙기는 게 좋다. 밤이 되면 야구장 공기가 급격히 싸늘해지기 때문에 오랜 시간 앉아 있으면 체온이 점점 내려간다.

파울볼은 잡지 말고 피하자

파울볼을 잡으려고 야구장에 글러브를 챙겨 가는 관객이 많다. 하지만, 파울볼은 생각보다 회전이 많고 빠르다. 공을 잡으려다가 자칫 얼굴에 맞아 다칠 수 있으니 파울볼은 되도록 피하자.

야구장에선 집중 또 집중

야구장에선 파울볼 등 강한 타구들이 자주 관중석을 향해 날아든다. 한눈을 팔다가 운이 나쁘면 다칠 수 있다. 파울볼이 나오면 야구장 안전 요원들이 휘슬을 불어 경고해 준다. 치킨 다리를 뜯으면서도 눈은 필드에 고정할 것!

처음 가는 국내 영화제를 씨네필처럼 즐기려면

영화를 좋아하는 김고민 씨는 한 번쯤 국내 영화제에 가 보고 싶지만 '영화인들의 축제'라 부르는 영화제에 영화인이 아닌 자기가 가도 될지 고민이다. 하지만 영화제는 고민 씨 같은 일반 관객도 함께 즐길 수 있는 축제다. 영화를 만드는 사람부터 공부하는 사람, 투자하는 사람 등 관계자와 관객 모두 영화를 중심으로 연결된다. 국내 영화제에 처음 가는 고민 씨를 위해 영화제가 무엇인지, 가서 뭘 하면 좋은지 소개한다.

1. 영화제는 뭐 하는 곳이야?

영화제에선 아직 공개되지 않은 새로운 신작 영화를 먼저 만날 수 있다. 배우나 감독 특별전 등 영화들을 하나의 테마로 묶어 기획전 형태로 상영하기도 한다. 멀티플렉스 영화관에서 보기 힘든 독립 영화나 단편 영화도 만날 수 있다. 영화제에서 영화만 상영하는 건 아니다. 국내

외 독립·예술영화 창작자들을 지원하는 프로그램이나 영화계가 나아가야 할 방향을 논의하는 콘퍼런스도 활발히 진행된다. 새로운 인재를 발굴하기도 하고, 관계자의 영화 판권 판매와 투자도 이뤄진다.

2. 영화제 가려면 뭘 준비해야 해?

먼저 영화제 일정을 확인하자. 영화제 공식 홈페이지와 SNS에서 개막식부터 여러 일정을 찾아본다. 영화제 규모에 따라 다르지만, 일반적으로 개막 2~3개월 전부터 일정을 확인할 수 있다. 일정이 공개된 직후 숙소를 예약하면 남들보다 저렴한 가격에 좋은 방을 얻을 수 있다.

개막 한 달 전쯤 영화제 상영작을 공개한다. 영화제에서 제공하는 짧은 줄거리 소개만으로는 영화의 재미를 예상하기 어렵다. 유명 영화감독이 연출했거나 유명 배우가 출연하는 작품, 다른 국제영화제에서 수상 경력이 있는 영화를 고르는 게 그나마 안전하게 영화를 고르는 방법이다. 비슷한 테마 영화를 묶어 상영하는 특별전을 집중적으로 노리는 것도 추천한다.

영화제 상영 시간표는 늦어도 개막 15일 전엔 공개한다. 미리 영화의 상영 일정을 확인하고 나만의 타임 테이블을 만든다. 상영관들이 서로 가까이 붙어 있는 경우가 많지만, 거리가 멀 수도 있으니 미리 동선을 확인해야 한다. 티켓 값은 6,000원에서 8,000원 사이다. 영화제에 따라 무료 상영하는 영화도 있다. 영화 예매를 마치면 쉬는 시간에 찾아볼 부대행사를 살펴보자. 배우·감독과의 만남, 공연, 전시, 콘퍼런스까지 다양한 행사에 참여하는 재미도 쏠쏠하다.

영화제의 하루가 저무는 저녁 시간, 운이 좋으면 영화인들을 만날 수 있다. 영화제 기간엔 영화감독과 배우들이 관객과 비슷한 장소에 머문다. 영화인들이 주로 들른다는 가게들을 미리 알아 두면, 옆 테이블에서 우연히 마주친 영화인들과 대화를 나눌 기회가 생길지도 모른다.

3. 우리나라엔 어떤 영화제가 있어?

매년 10월 초 부산에서 개최되는 부산국제영화제는 국내에서 가장 규모가 큰 영화제다. 칸영화제, 베를린영화제 등 해외 영화제에서 수상한 영화들을 먼저 볼 수 있다. 개봉하지 않는 다양한 국가와 장르의 영화를 만날 수도 있고 국내 개봉작을 미리 만나 볼 수도 있다.

도전적이고 실험적인 영화를 보려면 전주국제영화제가 제격이다. 매년 5월 전북 전주시 영화의 거리 일대에서 열린다. 전주국제영화제는 주로 독립·예술 영화의 최전선에 놓인 작품을 소개한다. 영화제 기간에만 볼 수 있는 독특하고 예술적인 영화가 많은 편이다.

장르 영화의 축제인 부천국제판타스틱영화제도 빼놓을 수 없다. 세계 각지의 공포·스릴러·SF 영화를 한눈에 볼 수 있다. 피가 낭자한 고어 영화, 오싹한 공포 영화를 보며 뜨거운 7월의 열기를 식히고 싶다면 부천국제판타스틱영화제를 추천한다.

이외에 DMZ국제다큐멘터리영화제, EBS국제다큐영화제 등 다큐멘터리 영화를 소개하는 영화제, 여성 관련 이슈를 세밀하게 다루는 서울국제여성영화제, 음악 소재의 영화를 소개하는 제천국제음악영화제, 산에서 영화를 즐기는 무주산골영화제, 다양한 독립영화를 소개하는 서울독립영화제, 신인 감독의 단편영화를 소개하는 미장센단편영화제 등 특색 있는 영화제가 많으니 취향에 따라 골라 보자.

당장 써먹을 수 있는 영화제 실전 팁

예매할 땐 상영 코드 3순위까지

영화제에서 현장 예매할 때, 보고 싶은 영화 제목을 말하는 대신 각 상영관과 시간대에 부여된 상영 코드로 예매하는 게 유리하다. 인기가 많은 영화는 빠르게 매진될 가능성이 크기 때문이다. 혹시 모를 상황을 대비해 같은 시간대에 보고 싶은 영화를 3순위까지 생각해 놓는 게 좋다. 온라인 예매일에는 날엔 영화제 공식 홈페이지에 미리 접속해 대기하다가, 빠르게 상영 코드를 입력해 좋은 자리를 차지하자. 대학 수강신청이나 콘서트 예매처럼 0.01초 단위로 희비가 엇갈릴 수 있다.

GV가 있는 영화에 도전

상영 시간표에서 'GV(Guest Visit)' 표시가 있는 영화를 주목하자. GV는 해당 영화 감독이나 배우, 관계자가 상영관을 직접 방문해 영화 이야기를 나누는 행사다. 영화제에선 생각보다 GV가 자주 열린다. 방금 본 영화에 대해 궁금한 점을 직접 감독에게 묻거나, 배우가 관객과 대화하는 모습을 지켜볼 수 있다. 재미있게 본 영화를 더 깊이 이해하고 즐길 수도 있다.

셔틀버스로 교통비 절약

영화제는 특정 도시에서 열린다. 상영관과 상영관, 부대행사 장소까지 거리가 멀면 영화제에서 셔틀버스를 운행한다. 셔틀버스 탑승 장소와 운행 간격을 확인해 시간과 비용을 절약해 보는 것도 좋다.

정시 상영이 원칙

영화제는 정시 상영이 원칙이다. 멀티플렉스 영화관처럼 영화 상영 전 광고를 보여주지 않는다. 그러므로 상영 시간 전에 미리 입장해야 한다. 영화제에 따라 다르지만 상영 시작 15분 이후부터는 입장할 수 없는 곳이 많다.

엔딩크레딧까지 자리 지키기

영화제에선 영화 상영 후 엔딩크레딧이 올라갈 때까지 자리를 지키는 게 매너다. 엔딩크레딧이 다 올라가는 순간까지를 영화 상영으로 보기 때문에 조명을 켜지 않는다. 또 영화제에선 영화를 보고 느낀 기분을 그 자리에서 표현하는 게 좋다. 칸영화제에서 〈기생충〉을 본 관객들이 8분간 기립박수를 친 것처럼, 방금 본 영화가 좋았으면 기립박수를 쳐도 괜찮다.

온라인 예매 실패했다면 현장 예매

온라인에서 매진됐어도 아직 현장 예매용 티켓이 남아 있을 수 있다. 또 현장 티켓 부스 옆 게시판이나 공식홈페이지 커뮤니티와 SNS에서 관객끼리 티켓 거래를 진행하곤 한다. 예매에 실패했더라도 끝까지 희망을 놓지 말고 확인해 보자.

4부

예고 없이 찾아오는 어려움

현명하고 빠르게 극복하기

56.8%. 통계청이 2022년 발표한 20대 청년 사망자 2,778명(2021년 기준) 중 고의적 자해를 선택한 사망자(1,579명) 비율이다. 고의적 자해로 사망한 비율이 절반을 넘는 건 전 연령층에서 20대가 유일하다. 고의적 자해는 20대뿐 아니라, 10대와 30대가 사망한 원인 1위이기도 하다. 이 통계는 우리 사회의 고통지수를 의미한다. 지금 시대 청년의 정신건강이 위험하다는, 청년을 지원하는 시스템이 부족하다는 의미로 볼 수 있을 것이다. 무엇이 그들을 죽음으로 이끌었을까. 남의 얘기처럼 느껴질 수도, 누군가가 정말 운이 없어서 혹은 마음이 심약해서 일어난 일이라고 생각할 수도 있지만, 누구나 경험할 수 있는 일이다.

어려움은 어느 날 갑자기 소리 소문 없이 찾아올 수 있다. 설마 내게 이런 일이 생길까 싶지만 사실 누구에게나 일어날 수 있는 일이다. 안타깝게도 어려움을 막으려고 온갖 대비를 해도 소용없는 경우가 꽤 많다.

PART4에선 누구나 겪을 수 있는 어려움에 대해 다룬다. 막상 처음 어려운 일을 만나면 당장 무엇부터 해야 할지 판단하기 어렵다. 비슷한 일을 당한 사람을, 사례를 찾으려 해도 미묘하게 상황이 달라서 정작 큰 도움이 되지 않는 경우도 많다. 처음 사고나 범죄를 당하면 당황스럽고 몸이 얼어붙어 올바른 판단을 내리는 데 어려움이 생기기 마련이다. 나의 내일이, 인생이 오락가락하는 상황에서 무엇에 의지해야 하고 누구 말을 들어야 할지 판단이 서지 않아 곤란한 경우가 많다. PART4는 그런 당신에게 인생의 위기가 찾아와도 침착하게 극복할 수 있도록 도움을 줄 수 있을 것이다. 정말 이젠 인생이 망했다고 생각하는 순간에도 살아날 구멍이 있다는 사실을 배울 수 있을지도 모른다. 내가 절대 겪을 일이 없다고 생각하는 사고, 나와 거리가 멀다고 생각하는 사건을 만나도 정신을 잃지 않고 하나씩 풀어 가는 방법을 안내한다. 누구나 일상에서 만날 수 있는 가벼운 사고부터 만나지 말아야 할 범죄까지 다양한 이야기를 다루니 하나씩 읽으면서 어떤 일이 생겨도 이겨낼 힘을 기르길 바란다.

이번 PART는 저자들이 내용의 중요도만큼 책임감을 느끼며 쓴 내용인 만큼 더더욱 신뢰해도 좋다. 어려움은 되도록 만나지 않는 게 좋지만 우리 삶엔 행복한 순간도, 어려운 순간도 불현듯 찾아올 수 있다. 그러나 노력으로 행목을 쟁취하는 것처럼 어려움 역시 노력으로 극복할 수 있지 않을까. 망했다는 생각이 들어도 아직까지 '진짜' 망하지 않았다는 걸 잊지 말자.

잠 못 드는 밤에 꿈나라로 가려면

지금 잠들면 몇 시간 잘 수 있을까. 침대에 누운 김고민 씨는 머릿속으로 계산기를 두드리며 한숨을 내쉰다. 월요일은 오고 있는데 잠은 쉽사리 오지 않는다. 불면증을 의심하기엔 늦잠에 자신 있고 낮잠은 꿀맛이다. 잠이 오지 않아 스마트폰을 보고, 스마트폰을 보고 있으니 잠이 안 오는 '무한 불면의 굴레'에 빠진 고민 씨. 건강한 수면 습관이 필요한 고민 씨에게 도움이 될 몇 가지 방법을 안내한다.

1. 다음 중 수면 유도 효과가 의학적으로 입증된 것은 무엇인지 모두 고르시오.

ⓐ 양 숫자 세기　ⓑ ASMR　ⓒ 아로마테라피
ⓓ 마그네슘　ⓔ 운동

① 0개

② 1개

③ 2개

④ 3개

⑤ 4개

[정답] ⓔ 운동

[해설] ⓐ 양 숫자 세기가 수면을 돕는다는 의학적 근거는 없다. 오히려 숫자 세기에 집중하느라 뇌가 깨어나 수면을 방해할 수 있다. 비슷한 예로 수면에 도움이 된다고 알려진 '4·7·8 호흡(4초 동안 들이마시고 7초 동안 멈춘 뒤 8초 동안 내뱉기)'도 오히려 역효과를 낼 수 있다. 호흡에 집중하는 과정에서 뇌가 활성화되기 때문이다.

ⓑ 사람에 따라 다르다. ASMR(자율감각 쾌락반응)이 수면에 도움 된다는 연구 결과가 나온 것은 아니지만, 백색소음을 들으면 긴장이 풀리는 사람도 있다. 반대로 소리에 예민한 사람은 ASMR 등의 백색소음 때문에 잠드는 데 어려움을 겪을 수도 있다.

ⓒ 사람에 따라 다르다. 향기를 맡으면 긴장이 풀리는 사람에겐 도움이 되겠지만, 냄새에 민감한 사람은 오히려 잠드는 데 어려움을 겪을 수 있다.

ⓓ 마그네슘이 근육 긴장을 이완시켜 잠드는 데 도움이 된다고 느낄

수 있지만, 수면과 직접적인 상관관계는 입증되지 않았다. 마그네슘이 부족한 경우 신경이 예민해져 수면에 방해가 될 수는 있다. 그러나 성인의 일반 식사로도 마그네슘 일일 권장량을 섭취할 수 있다.

ⓔ 운동이 수면에 도움을 준다는 연구 결과가 있지만, 전문가 사이에서도 적절한 운동 강도나 시간 등에 대한 의견이 갈린다.

2. 철수는 매일 오후 11시 잠자리에 듭니다. 철수의 수면을 방해할 수 있는 운동 시각을 고르시오.

① 오전 7시

② 오후 3시

③ 오후 7시

④ 오후 10시

⑤ 정답 없음

[정답] ④ 오후 10시

[해설] 잠들기 2~3시간 전에는 운동을 마치는 게 좋다. 잠들기 직전 격렬한 운동은 권하지 않는다. 정신을 산란하게 하고 체온을 높이기 때문에 오히려 잠드는 데 오랜 시간이 걸리게 하기 때문이다.

3. 다음 중 수면을 방해하지 않는 것을 고르시오.

① 카페인

② 술

③ 빛

④ 잠을 자려는 노력

⑤ 안대

[정답] ⑤ 안대

[해설] ① 카페인은 졸음을 유발하는 물질인 아데노신의 작용을 방해한다. 카페인이 뇌에 있는 아데노신 수용체와 결합하기 때문이다. 아데노신이 제 기능을 못 하게 되면서 각성 효과가 일어나 잠들 수 없게 된다.

② 술에 있는 알코올은 수면을 유도하는 거 같지만 시간이 지날수록 각성 효과가 일어나 질 좋은 수면을 방해한다.

③ 멜라토닌이 분비되는 수면 3시간 전부터는 빛을 차단하는 게 좋다. 초저녁부터 집안 전등을 어둡게 하거나 무드 등을 사용하면 뇌가 일찍부터 수면을 준비해 잠드는 데 걸리는 시간을 줄일 수 있다.

④ 의식적으로 잠을 자려고 노력하는 게 오히려 수면을 방해할 수 있다. 실제 생활 치료에서도 쉽게 잠들지 못할 땐 잠자리를 잠시 벗어나 즐길 수 있는 활동을 추천한다. 팟캐스트나 오디오북 청취와 같이 빛

노출을 최소화하는 활동일수록 좋다.

⑤ 스마트폰 등 전자기기에서 새어 나오는 불빛을 차단하기 어려우면 안대를 쓰고 자는 게 수면에 도움을 준다.

4. 영희는 잠을 자고 일어난 뒤에도 피곤함과 함께 두통과 인후통을 겪습니다. 다음 중 영희가 내원하기 가장 적절한 병원을 고르시오.

① 정신과

② 이비인후과

③ 내과

④ 신경과

⑤ 가정의학과

[정답] ② 이비인후과

[해설] 코골이나 수면 중 무호흡 등 호흡기 문제로 수면 장애를 겪는 경우, 잠에서 깬 뒤 두통과 인후통을 동반한 피로감을 느낄 수 있다. 이럴 땐 이비인후과를 방문하는 게 좋다. 뇌 기능 문제로 인한 중추성 수면 무호흡증은 신경과에서 진료하지만, 수면 중 무호흡 증상을 호소하는 환자의 90%가량은 기도가 막혀 숨을 못 쉬는 폐쇄성 수면 무호흡증을 겪으니 우선 이비인후과에 가는 걸 추천한다. 불안장애나 우울증에 따른 수면 장애는 정신과에서 진료받아야 한다. 신경과는 수면 장애

를 뇌 기능 문제로 보고 치료한다.

5. 다음 중 수면에 도움 되지 않는 생활 습관을 고르시오.

① 잠들기 3시간 전부터는 되도록 음식을 먹지 않는다.

② 규칙적으로 생활한다.

③ 전날 수면 시간이 부족했다면 평소보다 일찍 잠자리에 들어 잠을 보충한다.

④ 카페인 섭취를 줄인다.

⑤ 비만일 경우 체중을 감량한다.

[정답] ③

[해설] 전날 수면 시간이 부족해서 피곤해도 잠드는 시간을 일정하게 유지하는 게 좋다. 수면 부족이 건강에 해로운 건 사실이지만, 평소보다 이르게 잠자리에 들거나 낮잠이나 늦잠을 잔다고 해서 부족한 잠이 보충되진 않는다. 주말과 공휴일에도 잠드는 시간과 잠에서 깨는 시간을 일정하게 유지하는 게 좋다.

아프긴 아픈데 어느 병원에 갈지 모르겠다면

아침에 눈을 떴는데 몸이 말을 듣지 않는다. 병원에 가야 한다는 건 알겠지만 정확히 어디가 어떻게 아픈지 알 수 없는 김고민 씨. 내과, 정형외과, 마취통증의학과, 가정의학과, 의원 등 집 근처에 병원은 많지만 어느 곳에 가야 할지 확신이 들지 않는다. 고민만 하다가 고통은 점점 심해지고 현기증까지 나는 고민 씨를 위해 어느 병원에 가야 할지 증상에 맞게 찾는 방법을 소개한다.

1. 어디가 아픈지 분명하게 알고 있다면

병원 이름에 진료과목을 적어 놓은 병원을 찾아가자. 당당하게 병원 문을 열고 들어가 접수하고 의사에게 진료받으면 고민 해결!

-눈이 아프면 → 안과

-귀나 코, 목이 아프면 → 이비인후과

-비뇨기관 혹은 남성생식기가 아프면 → 비뇨의학과

-여성 질환인 것 같으면 → 산부인과

-피부에 문제가 있다면 → 피부과

-정신적으로 힘들다면 → 정신건강의학과

2. 어디가 아픈지 잘 모르겠다면

증상에 상관없이 일단 내과, 가정의학과, 소아청소년과에 가 보자. 내과는 모든 의학의 근본이 되는 분야다. 신장·심장·폐 질환부터 위·간 등 소화기, 고혈압·당뇨 등 만성질환관리까지 우리 몸에서 발생하는 거의 모든 문제를 종합적으로 다룬다. 어디가 아픈지 잘 몰라도 의사에게 증상을 잘 이야기하고 진료받아 보자.

가정의학과에 가는 것도 괜찮다. 가정의학과는 '1차 의료'를 담당하는 병원이다. 1차 의료는 연령·성별·질병의 종류에 관계없이 환자의 건강을 지속적이고 포괄적으로 관리한다는 의미다. 흔히 발생하는 감기, 몸살, 비염, 위염 등과 함께 고혈압, 당뇨, 간염 등 각종 성인병 및 만성질환을 진료한다. 이외 두통, 어지럼증, 피로 소화불량 등을 다룬다.

소아청소년과도 추천한다. 소아청소년과는 신생아부터 청소년기까지 주로 어린이의 성장과 발달 같은 임상분야를 다룬다. 소아, 청소년이 아닌 성인도 진료받을 수 있다.

3. 어떤 질환을 다루는 병원인지 알고 싶다면

일반적으로 병원 이름만 봐도 어떤 질환을 치료하는지 알 수 있지만 이름만 봐선 알 수 없는 병원도 있다. '○○의원', '신경과', '마취통증의학과'는 도대체 뭐 하는 곳일까? 그럴 땐 진료과목을 살펴보자. ○○의원 뒤에 진료과목이 있을 가능성이 높다. 진료과목을 보면 해당 병원에서 어떤 질환을 주로 진료하는지 확인할 수 있다. 응급의료포털이나 건강보험심사평가원 홈페이지에서 병원 이름을 찾아보면 정확한 진료과목을 확인할 수 있다.

신경과는 주로 뇌 질환을 치료하는 곳이다. 인체의 신경계와 관련된 증상과 질병을 진료한다. 꼭 심각한 질환이 있어야만 갈 수 있는 곳은 아니다. 두통·어지럼증·손발 떨림처럼 일상적인 증상부터 뇌졸중·치매 등 중증 질환까지 진료받을 수 있다. 마취통증의학과는 주로 다양한 통증을 치료한다. 목·허리 디스크, 일자목·거북목 증후군 등 척추질환부터 고관절, 오십견 등 관절질환을 진료한다. 수술 중이거나 수술 전후의 환자를 관리하기도 한다.

뼈나 관절이 아프면?!

병원 이름에 '외과'가 들어 있으면 OK. 마취통증의학과나 재활의학과도 추천한다. 정형외과는 주로 골절된 팔, 다리를 치료하는 곳이다. 여러 관절과 근육, 혈관, 신경의 손상 등을 다룬다. 척추 전반에 걸친 디스크 질환이나 퇴행성 질환, 척추측만증과 같은 척추 변형과 기형도 진료한다.

신경외과에 가는 것도 고려할 만하다. 신경외과는 주로 뇌·척추·척수·말초신경 등 신경계통 질환이나 외상 등을 진단하고 치료한다. 두통이나 얼굴 통증, 팔다리 저림, 목과 허리 통증 등의 원인이 되는 질병을 찾아내 약물·수술 치료를 진행한다. 재활의학과도 좋은 선택지 중 하나다. 재활의학과에선 일상에서 흔히 접할 수 있는 근육계통, 관절부위, 말초신경 질환을 다룬다. 뇌졸중 환자나 척수 손상환자 등 중증환자의 치료와 재활을 떠올리기 쉽지만, 일상에서 흔히 접하는 근육·관절 부위 증상도 수술 없이 치료한다.

어느 날 갑자기 지갑이 사라져 '멘붕'이라면

월요일 아침, 출근 준비를 마친 김고민 씨는 여느 때처럼 현관문을 나서다 알 수 없는 불안감에 발길을 멈췄다. 홀린 듯 주머니에 손을 넣어 보는데, 당연히 있어야 할 지갑이 없다. 급한 마음에 집 안 이곳저곳 찾아보지만 지갑은 보이지 않는다. 시간을 지체할 수 없어 찝찝한 마음으로 집을 나선다. 사무실에서도 지갑 걱정뿐이던 고민 씨는 퇴근 후 집 안 곳곳을 신중하게 뒤져도 여전히 지갑은 보이지 않는다. 지갑을 잃어버린 게 분명하다! 이제 무엇부터 해야 할지 고민인 고민 씨를 위해 지갑을 잃어버렸을 때 해야 할 일을 희망편과 절망편으로 나눠 소개한다.

1. 희망편

빠르면 빠를수록 Good! 카드 분실신고

당장 지갑을 찾을 수 없다고 판단했을 땐 가장 먼저 신용카드나 체크카드를 분실신고해야 한다. 카드 분실신고를 미루면 도난 사고를 당할 수 있기 때문이다. 일반적으로 카드사의 분실신고센터는 24시간 이용할 수 있다. 분실신고는 크게 개별 분실신고와 일괄 분실신고로 나뉜다. 소지한 모든 카드가 사라졌을 땐 일괄 분실신고 서비스를 이용하자. 본인 명의의 카드를 분실했다면 카드사 분실신고센터에 성명, 휴대전화번호, 주민등록번호를 제공한 후 한꺼번에 분실신고 접수가 가능하다. 신용카드 포함 모든 금융회사가 일괄 분실신고 시스템을 운영하고 있다.

소지한 카드 중 일부만 잃어버렸다면 개별 분실신고를 이용하면 된다. 무턱대고 일괄 분실신고를 하면 손에 있는 카드도 이용하지 못하는 불상사가 발생한다. 잃어버린 카드가 무엇인지 확인하고 해당 카드사에 전화해 분실신고하자. 또 증권회사나 저축은행, 우체국 등 체크카드만 발급하는 금융회사 카드는 개별 분실신고해야 한다. 법인카드 역시 일괄신고 대상이 아니므로 별도로 신고해야 한다.

분실신고를 하면 나중에 지갑을 찾아도 카드를 재발급 받는 등 번거로울 것 같아 걱정할 수 있지만 카드 분실신고는 영구적이지 않다. 전화 한 통이면 정지된 카드를 다시 사용할 수 있다. 다만 분실신고를 해제할 때는 일괄신고가 불가능하기 때문에 각 금융회사로 연락해 해제해야 한다.

잊지 말자, 신분증 분실신고

카드 분실신고를 마쳤다면 급한 불은 끈 셈이다. 불안한 마음을 달

래고 차분하게 가방과 겉옷 주머니를 살펴보자. 집 안 곳곳을 샅샅이 뒤져봐도 지갑이 보이지 않는다면 이제 신분증 분실신고를 할 차례다. 신분증에는 주민등록번호, 주소 등 중요한 개인정보가 기록돼 있다. 다른 사람이 개인정보를 도용할 가능성이 있으니 신속히 분실신고 해야 한다. 신분증 분실신고가 주민등록번호와 거주지 정보 유출까지 막아주는 건 아니지만 누군가 내 신분증으로 카드나 계좌를 만드는 걸 막을 수 있다. 분실신고 처리된 신분증으로는 카드나 계좌 발급이 불가능하다. 혹시 모를 사고를 대비해 빠르게 신분증 분실신고를 진행하자.

주민등록증도 카드처럼 분실신고 및 신고 철회가 가능하다. 정부24 홈페이지를 이용하면 간편하다. 각종 시험이나 선거 등으로 급하게 신분증이 필요할 땐 읍·면·동 주민센터에 방문하자. 2~3주 기간 동안 사용할 수 있는 임시 주민등록증을 발급받을 수 있다. 다만 주민등록증 규격(3.5cm×4.5cm, 6개월 이내 촬영, 모자 등을 쓰지 않은 상반신)에 맞는 사진을 함께 가져가야 한다. 수수료는 5,000원이다.

운전면허증은 한 번 분실신고 하면 다시 찾아도 재발급을 받아야 한다. 인터넷으로 분실신고 하는 게 가장 쉽다. 도로교통공단 안전운전 통합민원 홈페이지에서 면허증 재발급을 신청할 수 있는데 컴퓨터에 공동인증서가 있어야 한다.

버스·지하철·택시, 교통수단 먼저 확인

자차가 없으면 버스나 지하철 혹은 택시에서 잃어버렸을 가능성이 높다. 버스·지하철·택시에서 발생한 분실물은 주인에게 돌아갈 확률이 상대적으로 높은 편이다. 분실물 보관 시스템이 잘 갖춰져 있기 때문이다.

지하철에서 물건을 잃어버린 경우, 분실 위치와 시간을 아는 게 중요하다. 해당 정보를 바탕으로 역사 직원이 유실물이 있을 것으로 추정되는 장소를 탐색해 주면 잃어버린 물건을 찾을 수 있다. 열차에서 잃어버렸다면 열차에서 내린 시각, 내린 문 위치, 열차 내 물건 위치를 기억해야 한다. 역사에서 잃어버렸다면 잃어버린 시간과 장소를 파악해야 한다. 서울유실물센터는 시청역, 충무로역. 왕십리역. 태릉입구역 총 네 곳에 있다. 평일 오전 9시부터 오전 6시까지 운영한다.

버스에 물건을 놓고 내린 경우, 버스 차량번호와 하차 정류장 및 시간을 기억해야 한다. 세 가지를 모두 기억한다면 지역 버스 차고지에 연락하자. 분실물을 확인한 후 연락을 줄 것이다.

택시는 다른 대중교통보다 분실물을 추적하기 쉽다. 택시 결제영수증에 택시번호, 전화번호, 승하차 시간이 나와 있기 때문이다. 영수증을 챙기지 않았더라도 걱정하지 말자. 택시의 카드결제 기계는 티머니이기 때문에 티머니 택시 고객센터로 전화하면 된다. 카카오택시를 이용했다면 애플리케이션에서 '택시 분실물 찾기'가 가능하다. 현금으로 택시비를 냈고 영수증을 받지 않았다면 안타깝지만 분실물을 찾을 확률이 떨어진다. 전국 택시 운송 조합 연합회 홈페이지 내 유실물센터를 확인해 보자.

경찰의 도움을 받자

아무리 생각해도 지갑을 어디서 잃어버렸는지 기억하지 못할 수도 있다. 과도한 음주로 기억이 사라진 경우도 많이 나타나는 사례다. 이럴 때는 경찰청 유실물 종합관리시스템 홈페이지 로스트112를 방문하자. 로스트112에는 전국 분실물 정보가 올라와 있다. 우선 습득물 검색을 통해 자기 지갑이 있는지 확인해 보자. 없으면 분실물 신고서를 작성하자. 지갑 형태나 색깔, 안에 어떤 물건이 있는지 정보를 구체적으로 적을수록 분실물 추적이 쉬워진다.

분실물을 잃어버린 동선에 위치한 인근 지구대나 경찰서를 방문하는 고전적인 방법도 있다. 담당 경찰관에게 분실물을 잃어버린 시간과 장소, 식별이 가능한 특징을 말하면 현장에서 분실물 현황을 등록한다. 이 내용은 로스트112에 등록된다.

온라인 커뮤니티 속 분실물 글 확인

집 근처에서 지갑을 잃어버렸다면 지역 커뮤니티에 들어가 보자. 동네마다 페이스북 페이지가 있을 가능성이 높다. 선한 이웃사촌이 지갑을 주웠다고 분실물 정보를 올렸을 수 있으니 확인해 보자. 지갑을 잃어버린 대학(원)생은 '에브리타임(에타)'애플리케이션을 켜 보자. 에타에는 분실물 게시판이 따로 있다.

중고물품 거래 애플리케이션 당근마켓 내 '동네생활' 게시판에도 잃어버린 물품을 찾거나 습득한 물건의 주인을 찾는 글이 많이 올라온다. 가까운 거리에서 발생한 정보를 빠르게 공유하는 만큼 의외로 좋은 정보를 얻을 수 있다.

2. 절망편

주민등록증과 운전면허증 재발급 절차

실낱같은 희망을 놓지 않았지만 잃어버린 지갑은 돌아오지 않았다. 이제는 마음을 비워야 할 때. 먼저 해야 할 일은 주민등록증 재발급이다. 재발급을 신청하고 새 주민등록증을 받기까지 보통 2~3주가 걸린다. 주민등록증을 재발급 받으려면 주민등록증 사진 규격에 적합한 사진(파일도 가능)과 재발급 비용 5,000원을 준비해야 한다.

운전면허증은 분실신고와 동시에 재발급이 진행된다. 빠르게 재발급 받으려면 임시신분증과 증명사진을 챙겨 집 근처 운전면허시험장을 방문하자. 발급받은 임시신분증과 증명사진은 꼭 챙기자. 재발급 서류를 작성하고 수수료 7,500원을 지불하면 30분 내로 재발급 받을 수 있다. 경찰서 민원실에서도 면허증을 재발급 받을 수는 있지만 2주 정도의 시간이 소요된다.

신용카드나 체크카드 재발급은 은행, 인터넷, ARS 전화로 신청할 수 있다. 은행에서 재발급을 신청하면 카드를 그 자리에서 바로 받을 수 있다. ARS 전화로는 은행 영업시간에만 신청이 가능하다. ARS나 인터넷으로 신청하면 재발급까지 3~7일 정도 걸린다. 신용카드는 재발급

비용이 들지 않지만, 체크카드는 1,000원에서 2,000원 정도 지불해야 한다. 카드별로 다르니 금융사에 확인해 보자.

지갑 분실 시 피해를 최소화하려면

분실한 지갑을 찾지 못하고 새롭게 카드와 신분증을 재발급 받았지만, 또다시 지갑을 잃어버리지 않을 것이라는 보장은 없다. 지갑 분실 시 피해를 최소화할 수 있는 팁을 알아보자.

모바일 신분증을 등록해 두면 신분증을 잃어버려도 피해를 줄일 수 있다. SKT, LG유플러스, KT 이동통신 3사가 애플리케이션 PASS(패스)에는 모바일 운전면허 확인 서비스가 있다. 패스 모바일 운전면허는 패스 인증 애플리케이션에 본인명의 운전면허증을 등록해 온·오프라인에서 운전자격과 신분을 증명할 수 있는 서비스다. CU 와 GS25 편의점에서 미성년자 여부를 확인하는 신분증으로도 이용할 수 있다.

지갑에 개인 연락처 혹은 명함을 하나씩 넣어 두는 것도 좋은 방법이다. 발견자가 분실자에게 신속히 돌려줄 수 있다.

블루투스를 통해 휴대전화와 연결해 서로 일정 거리를 벗어나면 알람이 울리는 제품도 있다. 일반 신용카드와 똑같은 크기의 제품으로 전용 애플리케이션을 설치하고 블루투스로 연동하면 지갑이 어디 있는지 휴대전화로 확인할 수 있다. 지갑과 스마트폰 거리가 반경 10m를 벗어나면 알람이 울려 분실을 막을 수 있다.

친구가 SNS에 업로드한 내 사진 삭제하려면

"안녕, 잘 지냈니? 오랜만이다. 우리 얼굴 본 지도 거의 10년은 된 거 같아. 취업 준비한다고 너랑도 흐지부지 연락이 끊겼네. 우리 고등학교 때 석식 먹고 맨날 운동장 돌던 거 기억나? 진짜 옛날이다, 그치? 이번에 미니홈피 다시 열렸잖아. 네 홈피 들어가 보니까 우리가 만든 웃긴 'UCC'도 요즘 틱톡만큼 재밌더라. 그런데 있잖아. 그거 지워 줄 수 있을까?"

동의 없이 온라인에 돌아다니는 과거 영상과 사진을 만난 김고민 씨는 당황했다. 10년 전엔 친구가 업로드하는 데 동의했는지 기억나지 않는다. 문제는 지금 그 사진을 보는 게 불편하다는 것. 사진뿐 아니라 이름, 전화번호, 주소 등 개인정보부터 고민 씨라는 걸 알 수 있는 사연까지……. 온라인에 정보가 떠놀고 있으면 어쩌지. 당황스러워하는 고민 씨가 대처할 방법을 오랜만에 연락한 친구와 가상 대화를 나누는 방식으로 소개한다.

1. 지워 줘서 고마워. 근데 누가 다 퍼 갔네?

"전에 얘기한 UCC 지워 줘서 고마워. 다시 보니까 '내가 이랬다고?' 싶더라. 그런데 UCC가 다음 카페에도 올라가 있더라고. 아는 사람이 '야, 이거 웃기다'면서 링크 보냈을 때 기절하는 줄 알았어. 모르는 사람이 웃기다고 퍼 간 것 같아. 요새는 길 가다가 누가 힐끔 쳐다보면 신경 쓰이더라. 날 보고 웃는 거 같기도 하고. 이거 도대체 어디까지 퍼진 거니."

흩날린 게시물을 찾기 위해서는 검색이 꼭 필요하다. 일일이 검색하는 일이 아득하게 느껴지거나 수많은 정보에 섞여 찾기 어려울 땐 구글 검색 기능을 활용해 보자. 개인정보 혹은 게시글의 주요 단어를 큰따옴표 안에 넣어 검색해 보자. 큰따옴표 안에 들어간 내용은 반드시 검색 결과에 포함된다.

포털사이트나 카페, 페이스북, 인스타그램 등 사이트를 분류해 검색해 보는 것도 한 방법이다. 검색창에 'site: 사이트 주소 키워드'를 적어 넣으면 해당 사이트에서 검색한 결과만 보여 준다. 게시물이 글이 아니라 사진일 경우엔 이미지 검색을 이용하자. 사진으로 검색하면 완전히 같거나 유사한 이미지가 나온다.

2. 찾긴 했는데 지워 줄지 모르겠어ㅠㅠ

"그래. 네 잘못 아닌 거 알아. 작성자한테 쪽지와 이메일을 보내는데 이것도 정말 일이다. 게시한 사람들이 '애초에 올린 게 잘못 아니냐'고 적반하장으로 나오면 어떡하지. 아무리 '디지털 풍화'가 됐어도 내 얼굴인 게 보여서 그냥 두긴 찝찝하고. 아휴, 걱정할 시간에 이메일 한 통이라도 더 보내야겠다."

정보통신망 이용촉진 및 정보보호 등에 관한 법률에 따르면 사생활 침해나 명예훼손 등으로 권리가 침해된 경우, 삭제를 요청할 수 있다. 네이버나 다음 등 정보통신 서비스 제공자는 삭제 요청을 받으면 지체 없이 삭제 및 임시 조치해야 한다. 다만 삭제하려는 게시물의 권리침해 당사자가 '본인'이라는 사실을 증명해야 한다. 바꿔 말하면 해당 게시물에 개인을 특정할 수 있는 내용이 담겨야 한다. 원저작권자가 본인이라는 사실도 증명해야 한다.

혹시나 걱정하는 게 불법촬영물이라면? 불법촬영물은 범죄다. 당연히 삭제할 수 있다. 정부에서 이를 무료 지원하고 있다. 디지털성범죄지원센터에서 삭제와 유포현황 및 수사과정 모니터링, 심리치료까지 다방면으로 도움을 받을 수 있다.

3. 퍼간 사람들과 연락이 안 돼. 포기할까

"내가 쪽지 보냈거든. 근데 '읽씹' 하거나 아예 읽지도 않아. 이제 그 커뮤니티에서 활동 안 하나 봐. 아무래도 내가 직접 시이트 운영자들한테 연락해봐야 할 것 같아. 혹시 도와줄 수 있니? 나 혼자 하는데 벅차네. 어디 어디에 올라가 있는지 리스트 보내 줄게."

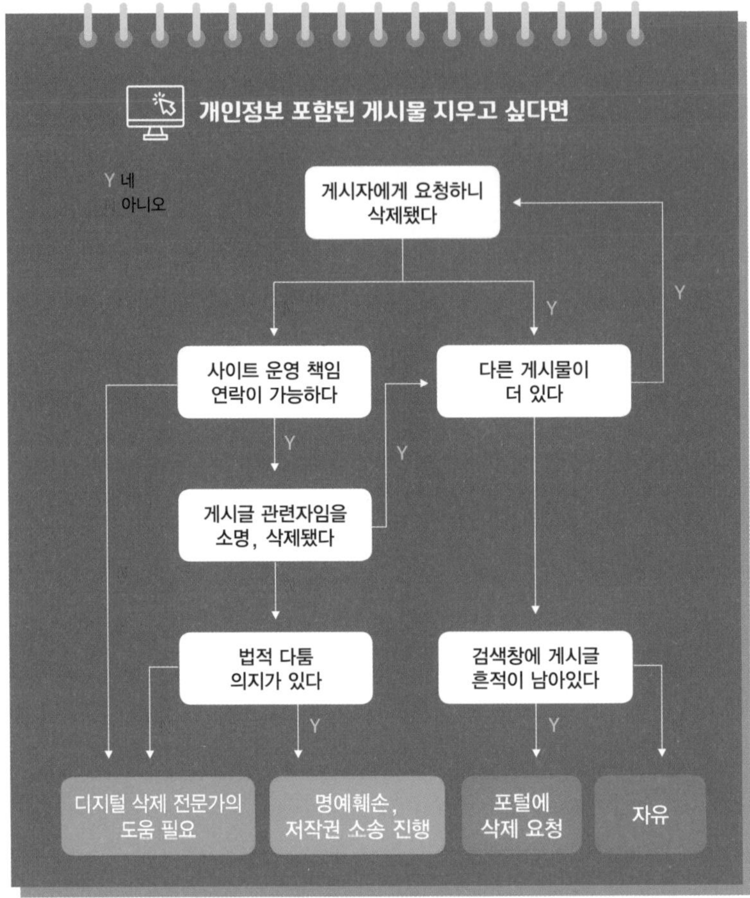

포기하기 전에 눈을 크게 뜨고 해당 홈페이지 하단에 '권리침해신고안내'라는 문구를 찾아보자. 사생활 침해·명예훼손·저작권침해 등의 게시물로 피해받는 경우 신고할 수 있는 절차가 자세하게 나와 있다. 피해자가 사이트에 신고를 접수하고 증빙서류를 제출하면 신고요건 및

내용 확인 후 게시 중단이 이뤄진다. 이는 게시자에게도 통보된다. 게시자가 30일 이내에 소명하지 않으면 게시물은 영구히 사라진다. 게시자가 소명해서 게시물이 살아나면 행정기관 심의 판단이나 법원의 판결로 해결해야 한다.

하나씩 연락해 삭제하는 건 힘든 일이다. 그보다는 원본 공략이 좋은 방법이다. 네이버 등 일부 사이트에선 블로그나 카페에 올라간 원본 삭제 시 스크랩된 글도 삭제되니, 일일이 삭제 요청하지 않아도 된다.

사이트에서 권리침해신고 링크를 못 찾겠다고? 한국인터넷자율정책기구(KISO)에서는 회원사의 권리침해신고 사이트로 직접 갈 수 있는 링크를 제공하고 있다. 회원사는 네이버, 다음, 네이트, 뽐뿌, 오늘의유머, 클리앙, SLR 등이다. 다만 해외 사이트에 게재된 경우, 좀 더 노력이 필요하다. 국내 사이트와 다른 법을 적용 받기 때문에 해당 국가 언어로 소명서가 요구되기도 한다. 어렵고 복잡한 절차에 지치면 디지털 삭제 전문가에게 도움을 청할 수도 있다.

4. 오, 다 삭제 했어. 근데 검색하면 왜 계속 나오지?

"네가 도와준 덕분에 손쉽게 끝냈어. 나 혼자 지우긴 정말 힘들었을 거야. 그런데 게시물이 다 삭제됐는데도 검색창에 치면 기록이 남아 있더라고. 시긴 지나면 사라지긴 한다는데……. 난 이기 빨리 지우고 싶거든. 바로 삭제하려면 따로 포털에 신청해야 한다는데 혹시 같이 해 줄 수 있어?"

이제 거의 다 왔으니 조금 더 힘을 내자. 네이버와 다음 등 국내 포털사이트에서는 삭제 후 결과 반영에 시일이 좀 걸릴 수 있지만 대부분 바로 삭제된다. 혹시 검색 결과에 뜨는 게 빠르게 삭제되길 원한다면 권리침해신고센터에 다시 한번 문의해 보자.

도로 한복판에서 접촉사고가 났다면

아차! 하는 순간에 앞차를 들이받았다. 큰일 났다는 생각과 함께 머릿속에 경고음이 울린다. 생애 첫 교통사고를 낸 김고민 씨. 머릿속이 하얘진 그에게 화난 얼굴의 상대 차량 운전자가 다가온다. 처음 교통사고를 겪으면 누구나 얼어붙기 마련이지만, 정신을 바짝 차리지 않으면 불리한 상황에 처할지도 모른다. 상대방 요구에 휘둘리지 않으려면 심호흡하고 절차에 따라 대응해야 한다. 당황해서 어쩔 줄 모르는 고민 씨를 위한 교통사고 대응법을 소개한다.

1. 비상등을 켜자

도로 한복판에서 교통사고가 나면 뒤에 오는 차에 비상상황이란 걸 알려야 한다. 차에서 내리기 전, 꼭 비상등을 켜자. 추가 사고로 이어지는 걸 막을 수 있다. 사고 발생 직후 내 차가 도로를 가로막고 있을 경우엔 다른 차량의 경적과 함께 온갖 욕설이 쏟아질 수도 있다. 이런 상황이 당황스럽겠지만 그렇다고 무작정 차를 움직여선 안 된다. 비상등을 켜고 사고 현장과 상대 운전자와의 소통에 집중하자.

2. 다친 사람이 있는지 확인하자

차에서 내린 후 먼저 다친 사람이 있는지 확인하자. 부상자가 있다면 119에 즉시 신고해 안내에 따라 응급조치해야 한다. 사상자 또는 중증 환자가 발생했을 땐 경찰에 신고해야 한다. 119에 신고할 때 부상 정도나 사고 상황을 정확히 접수하면 구급대 측 판단에 따라 경찰에 협조를 요청해서 함께 오는 경우도 있다.

3. 보험사에 사고 접수하자

가입한 자동차보험 보험사에 전화해 사고를 접수해야 한다. 현재 위치와 사고 경위, 인명피해 여부, 차량 파손 정도 등을 설명하면 된다. 운전자의 주민등록번호와 자동차 등록증상의 명의도 물어보니 정확히 알고 있어야 한다.

"안녕하세요. 김고민입니다. 현재 서울 한남오거리에서 사고가 났고 인명피해는 없습니다. 전면으로 상대 차량 조수석 문부터 뒷문까지 긁은 상태입니다. 차는 움직일 수 있으니 견인차는 필요 없습니다."

이 많은 걸 어떻게 기억하냐고? 떠듬떠듬 얘기해도 괜찮다. 상담사가 관련 내용을 질문하면 그에 맞춰 답해도 된다.

4. 경찰 신고가 필요한지 파악하자

교통사고가 났을 때 경찰에 의무적으로 신고해야 하는 경우가 있다. 사고 상황이 12대 중과실에 속하는 경우는 형사 처분 대상이기 때문에 무조건 경찰에 신고해야 한다.

12대 중과실 사고는 다음과 같다. 음주운전, 무면허 운전. 신호위반. 중앙선 침범 위반. 제한 속도보다 20km를 초과해 과속할 경우. 앞지르기 금지 위반. 철길 건널목 통과 위반. 횡단보도에서의 보행자 보호 의무 위반. 보도 침범사고. 승객 추락 방지의무 위반. 어린이보호구역 안전운전의무 위반, 자동차 화물이 떨어지지 않도록 필요한 조치를 하지 않고 운전한 경우다.

경찰 신고 관련 팁

사고 현장에서 원만한 합의나 소통이 안 될 경우에도 경찰에 신고하자. 예를 들어 상대방이 위협적으로 행동하거나, 사고 상황을 과장하려는 태도를 보일 수도 있다. 신고하지 않았는데도 주변 차량이 신고해 경찰이 올 수도 있다. 일반적으로 경찰은 교통정리를 하려고 출동한다. 이때 경찰에게 보험사끼리 합의했다고 설명하면 신고 접수가 되지 않으니 걱정하지 않아도 괜찮다. 신고 접수를 하지 않으면 나중에 경찰서에 불려가 경위서를 쓰거나 조사받지 않아도 된다.

---

5. 사고 현장을 사진으로 남기자

사진, 동영상, 블랙박스 영상을 증거로 꼭 챙겨야 한다. 블랙박스가 있어도 화질이 좋지 않으면 식별이 어려울 수 있으니 사진을 함께 촬영해 두는 게 좋다.

사고 현장 사진

먼저 전체적인 사고 현장 사진을 찍는다. 원거리에서 사고 현장을 촬영해야 상황 파악에 도움이 된다. 차량 충돌로 차체가 찌그러지거나 색이 벗겨진 부위는 확대해서 촬영한다. 충돌 부분을 자세히 보면 차량이 어느 정도 힘을 받았는지 알 수 있기 때문이다.

차량 앞바퀴 사진

차량 앞바퀴 사진도 찍어야 한다. 앞바퀴 상태로 두 차량이 사고 당시 바퀴를 어느 쪽으로 조정했는지 알 수 있다.

상대 차량 블랙박스 사진

상대방 차량에 설치된 블랙박스 사진도 필수다. 보험처리 과정에서 블랙박스가 없다고 잡아떼는 상황을 방지할 수 있다.

6. 기록을 남기자

소통 기록을 남기지 않으면 나중에 뺑소니 차량으로 몰릴 수 있다. 나중에 보험 처리할 때는 물론, 보험 없이 합의할 때도 기록이 있어야 억울한 상황을 예방할 수 있다. 상대방 이름과 전화번호를 받은 후 통화를 눌러 통화기록에 남겨야 한다. 전화번호를 교환하는 것만으로는 합의를 증명하기 어려울 수 있다.

또한 합의서 등 증거자료를 글로 남기도록 한다. 종이와 펜이 없을 땐 휴대전화로 문자를 주고받아도 괜찮다. 합의서엔 합의 금액, 장소, 일시, 합의금 보상 범위, 자필서명이 꼭 담겨야 한다.

7. 견인차 요구를 거절하자

사고가 나면 어디선가 견인차(레커차)가 나타날 수 있다. 대부분 사설 견인차인데, 사고 차량을 방치하면 불법이라며 차를 옮겨 준다고 제안하지만 이때 얼떨결에 수락하면 안 된다. 사설 견인차는 이용요금이 비싸다. km당 운임을 받고 대기료, 보관료 등 추가 수당이 붙는다. 단칼에 거절해도 된다. 보험사에서 견인차가 오고 있다고 하며 거절해 보자!

견인차 서비스 이용 팁!

차가 움직일 수 없을 정도로 손상됐다면 보험사에 신고하면서 견인차를 요구하자. 자동차 보험 중 연간 횟수를 정해 무료로 견인차를 이용할 수 있는 서비스가 있다.

---

8. 무조건 사고 과실 인정은 'NO!'

'교통사고가 나면 되도록 말을 아끼라'는 말이 있다. 상대방 얘기에 쉽게 고개를 끄덕이면 안 된다. 무턱대고 상대방 주장을 수용하면

100% 본인 과실로 몰릴 수도 있다. 면허증, 자동차 등록증을 요구하거나 과실을 인정하는 확인서 작성을 강요하면 단호히 거절해야 한다.

모든 과정을 마친 김고민 씨가 갓길에 차를 세우자 때마침 보험사가 왔다. 상대 보험사와 인적사항을 주고받은 후 신고 접수를 완료했다는 말을 남기고 보험사는 떠났다. 김고민 씨는 운전해서 집으로 돌아왔다. 며칠 후 보험사가 필요한 서류와 대략적인 견적을 전화로 안내했다. 보험사에서 상대방에게 보험금을 지급하고 사고 처리는 끝났다.

원치 않는 임신을 끝내려면

임신을 중단하는 선택은 우리나라에서 더 이상 범죄가 아니다. 그럼에도 임신한 여성에게 주어진 선택지는 여전히 제한적이다. 낙태죄 폐지 후속 제도가 마련될 때까지 기다릴 수 없는 여성의 수가 적지 않을 것이다. 임신 중지를 결심한 여성이 알아야 할 정보를 소개한다(2022년 6월 기준).

1. 임신을 중지할 수 있는 사람

현재 우리나라에서는 누구나 임신중지 수술을 받을 수 있나. 형법 제269조 1항 '자기 낙태죄'와 제270조 1항 중 '의사 낙태죄'가 2021년 1월 1일을 기점으로 사라졌기 때문이다. 본인의지로 임신중지 수술받은 여성, 임신한 여성 요청으로 수술한 의사는 처벌받지 않는다. 형법과 별개로 모자보건법 14조에는 임신중지를 허용하는 예외조건이 남아 있지만, 처벌조항이 사라졌기 때문에 이 조건에 해당하지 않는 사람이 임신중지 수술을 받아도 범죄가 아니다.

하지만 모자보건법 14조에 해당하는 사람만 임신중지 관련 제도의 혜택을 적용받을 수 있다. 해당 조건은 본인이나 배우자가 유전적·전염성 질환이 있는 경우, 강간·준강간에 의한 임신인 경우, 혈족·인척간 임신인 경우 그리고 임신 지속이 모체의 건강에 치명적인 경우 등이 있다.

2. 임신중지에 필요한 것

성인 여성: 본인의 결단

혼인관계인 배우자나 태아의 생물학적 아버지의 동의는 없어도 된다. 하지만 병원에서 수술받는 사람이 기혼이면 배우자 동의서, 결혼하지 않았으면 태아의 생물학적 아버지의 동의서를 요구하기도 한다. 병원이 의료사고나 법적 시비가 붙는 상황에 대비하려고 유지하는 관행이다. 제출을 거부하면 병원에서 수술을 거부하는 상황이 생길 수도 있다. 그러면 동의서를 요구하지 않는 병원을 찾아야 한다.

미성년자: 본인의 결단과 법정대리인 동의서

부모나 후견인의 수술 동의서를 병원에 제출해야 한다. 민법에 따르면 19세 미만의 미성년자는 계약을 맺거나 거래할 능력이 없기 때문에 병원은 법정대리인의 동의 없이 미성년자를 수술하지 않는다. 아무런 동의 없이 환자를 수술하면 처벌받을 수 있기 때문이다.

3. 병원 선택

모든 산부인과에서 임신중지 수술을 할 수 있는 건 아니다. 관련 진료를 거부하는 곳이 적지 않다. 병원에 방문하기 전 전화로 임신중지 수술을 진료하는지, 진료받기 위해 병원에 제출해야 할 서류가 있는지 문의하자.

4. 임신을 중지하는 방법

약물적 방법

10주차 미만인 임신 초기엔 '미소프로스톨'이라는 약이 쓰인다. 미소프로스톨은 포궁을 수축시켜 임신 산물을 몸 밖으로 배출하도록 작용한다. 미소프로스톨은 '싸이토텍정'이라는 제품으로 유통된다. 가격은 만 원을 넘지 않는다. 건강보험 적용 여부에 따른 가격 차이는 3~4백 원 수준이다. 포궁 내 피임장치(루프)가 있는 사람, 혈액응고 장애가 있거나 항응고제를 복용하는 사람은 이 약을 복용할 수 없다.

약물 사용은 어디까지나 비공식적인 방법이다. 미소프로스톨은 위장장애 치료용으로 허가된 전문의약품이다. 허가되지 않은 용도인 임신중지에 쓰려면 임신부는 본인이 모사보건법 14조에 해당한다는 사실을 입증해야 한다. 특정 질환에 대한 진단서, 강간에 의한 임신이나 혈족·인척간 임신이라는 사실을 확인한 재판 결과가 필요하다. 다만, 이런 절차를 거쳐 합법적으로 약물을 처방받기는 사실상 불가능하다. 필요한 서류를 확보하는 동안 약물적 방법으로 임신중지를 시도할 수 있는 시기를 놓칠 가능성이 높다.

온라인에서 낙태약으로 불리는 '미프진'은 절대 구매하거나 복용해선 안 된다. 심한 출혈과 통증을 일으킬 수 있어서, 의사의 진료와 지도 없이 임의로 복용하면 건강에 치명적이다. 게다가 미프진은 국내에서 허가되지 않은 약이다.

수술적 방법

임신 10~12주차엔 소파술이나 진공 흡입술이 이뤄진다. 소파술은 포궁에 수술기구를 넣어 임신 산물을 제거하는 방법이고, 진공흡입술은 임신 산물을 진공 흡입해 제거하는 방법이다. 임신 12주차 이후엔 약물적 방법과 수술적 방법이 함께 실시된다. 수술비용은 병원과 임신 주수에 따라 달라진다. 10주차를 기준으로 약 80만 원에서 100만 원 정도다. 임신부가 모자보건법 14조의 조건에 해당한다는 사실을 입증하면 건강보험 급여가 적용되는데, 그럴 경우 부담 비용은 10만 원 내외다.

5. 도움받을 수 있는 곳

민간단체

성적권리와재생산정의를위한센터 '셰어' 온라인 홈페이지에서 '임신중지 가이드북'을 배포한다. 가이드북에는 임신중지를 결심한 사람과 의료인이 참고할 정보가 담겨 있다. 셰어는 '모두가 성적 권리와 재생산권을 보장받아야 한다'는 활동 목표에 공감하는 활동가, 연구자, 변호사,

의사가 모여 2019년 설립한 단체다.

한국여성민우회(민우회)는 전화 상담을 제공한다. 인터넷 홈페이지에 기재된 대표번호로 전화를 걸어 임신중지에 관한 상담을 요청하면 된다. 민우회는 성평등 사회와 여성인권 실현을 목표로 1987년 설립한 단체다.

공공기관

공공기관에선 심리건강 상담과 의학적 상담만 지원한다. 임신중지에 관한 구체적인 정보는 안내하지 않는다. 여성가족부 '가족상담전화(1644-6621)'를 통해 심리건강 상담을 받을 수 있다. 전화를 걸고 0번을 누르면 '임신출산갈등상담'으로 연결된다.

보건복지부 '아이사랑' 홈페이지에선 의학적 상담을 제공한다. 상단 탭에서 '상담실 〉 임신상담 〉 성건강·산부인과상담'에 접속해 질문 글을 남기면 산부인과 전문의가 답변해 준다. 임신 중지 전후 나타날 수 있는 건강 이상에 대해서도 문의할 수 있다.

집주인이 전세보증금을 돌려주지 않는다면

최근 김고민 씨는 집주인 때문에 골머리를 앓고 있다. 계약 만료 시점에 맞춰 이사 준비까지 다 했더니, 집주인이 전세보증금을 못 돌려준다는 거다. 다음 세입자가 와야 보증금을 돌려줄 수 있다나 뭐라나. 이대로 마냥 기다려야 하는 걸까. 다음 세입자가 안 들어오면 어떡하지. 이러다 보증금을 영영 못 받는 건 아닐까. 언제까지 당하고 살 순 없다고 결심한 고민 씨를 위해 전세보증금을 안전하게 받고 지키는 방법을 소개한다.

1. 떠날 거면 미리미리

"안녕하세요, 사장님. 오는 ○○월 ○○일이 계약 2년째 되는 날인데요. 이번에 개인사정으로 인해 계약을 연장하지 않으려 합니다. 그동안 감사했습니다."

계약을 연장할 생각이 없으면 최소 한 달 전에는 집주인에게 말하자. 그러지 않으면 민법에 따라 계약이 자동연장(묵시적 갱신)될 수 있다. 계약 종료를 미리 말하는 건 집주인이 다음 세입자를 구할 수 있게 하기 위해서다. 일반적으로 집주인은 다음 세입자에게 받은 보증금을 떠나는 세입자에게 준다. 갑자기 계약 종료를 알리면 집주인 입장에선 다음 세입자를 구할 시간이 부족해 보증금을 미처 마련하지 못할 수도 있다.

연락 기록 남기기

집주인과 통화한 기록과 문자메시지를 남기자. 집주인이 계약 해지 연락을 받은 적 없다고 발뺌할 경우를 대비해 증거를 확보해야 한다. 집주인이 문자메시지를 확인하지 못할 수 있으니, 가능하면 메시지를 보낸 후 통화까지 하는 게 좋다. 통화를 녹음하면 더욱 좋다.

이사하지 말아야 할 경우

전월세 계약이 종료된 후 보증금을 받지 못했으면 이사하면 안 된다. 이사해서 주소지가 바뀌면, 기존 주택 내 다른 세입자보다 보증금 회수 순위에서 밀려나 오랫동안 보증금을 못 받을 수도 있다. 꼭 이사해야 하는 상황이라면 반드시 '임차권등기명령'을 신청하자. 임차권등기명령은 '내가 지금 더 이상 여기 살고 있지 않지만 보증금을 못 받고 나갔기 때문에 보증금을 우선적으로 받아야 하는 사람이라는 사실을 증명해 준다. 임차권등기를 하면 해당 건물 등기부등본에 기록된다. 그러면 심리적으로 압박 받은 집주인이 전세금을 돌려줄 확률이 높아진다. 임차권등기를 신청하고 완료까지 2주 정도 걸린다.

---

2. 쎄~하면 '내용증명'

"그때까지 보증금 못 구할 거 같은데? 다음 세입자가 와야 보증금을 줄 수 있어요. 그전까지는 어려워."

어?! 바라던 답변이 아니다. 계약 연장 의사가 없다고 알렸는데도 집주인이 이렇게 나오면 세입자도 좀 더 강하게 나갈 필요가 있다. 마음을 진정시킨 후 '내용증명'을 보낼 준비를 하자. 내용증명은 '보증금을 돌려달라고 집주인에게 의사표시를 했다'는 법적 증거가 된다. 내용증명 자체에 보증금 반환을 강제하는 효력은 없지만 집주인과 법적 다툼으로 이어질 경우, 보증금을 지킬 수 있는 중요한 수단이 된다.

내용증명을 보내는 방법은 두 가지다. 변호사를 쓰거나 우체국에서 직접 떼거나. 두 가지 방법 모두 효력은 같다. 내용증명 서류는 3부를 작성한다. 2부는 우체국(또는 변호사)과 세입자가 각각 보관하고 나머지 1부는 집주인에게 보내면 된다.

변호사와 함께하면 쉽게 내용증명을 보낼 수 있다. 무엇보다 내용증명이 법률사무소 이름으로 도착하면 집주인에게 더 강한 심적 압박이 될 수 있다. 다만 적지 않은 비용이 발생할 수 있다. 우체국을 이용하면 직접 작성해야 하지만 상대적으로 저렴한 요금이 든다. 구글에 '보증금 내용증명'을 검색하면 보증금을 떼이지 않으려고 온갖 고생을 다 겪은 선배 자취생들 흔적을 만날 수 있으니 참고하자.

우체국을 이용할 경우 현장방문과 인터넷 모두 가능하다. 홈페이지에서 '우편 〉 증명서비스 〉 내용증명'을 차례로 클릭해서 필요한 절차를 밟으면 발송할 수 있다. 우체국에서 '배달증명'을 받을 수 있다. 상대방이 우편을 받았다는 내용을 문자로 증명하는 절차다. 집주인이 내용증명을 받지 못했다고 발뺌하는 상황을 막을 수 있다.

집주인에게 계약 만료일 전에 계약 갱신 의사가 없음을 밝히고, 내용증명까지 보냈으면 전세금을 돌려받을 수 있는 법적 조치는 끝났다. 당장 더 할 수 있는 일은 없다. 이렇게까지 해도 집주인이 보증금을 돌려주지 않으면?

내용증명에 들어갈 내용!

내용증명에 정해진 양식은 없다. 다만 제3자가 봐도 쉽게 내용을 파악할 수 있도록 명확하게 작성하자. 내용증명엔 임대인 인적사항과 주소, 계약 만료일, 보증금 액수 그리고 세입자 본인이 계약 연장 의사가 없고 보증금 적기 반환을 요구한다는 내용을 꼭 넣어야 한다. 이대로 이행되지 않으면 법적 절차를 진행할 것이고, 이로 인한 비용은 모두 수신인인 집주인이 부담하게 될 거란 사실도 넣는다.

---

3. 최후의 대화 시도

마지막으로 집주인과 대화를 나눠 보자. 소송으로 넘어가면 세입자도 피곤해진다.

대화가 통하지 않으면 집주인과 세입자 간에 분쟁을 중재하는 '주택임대차분쟁조정위원회(이하 조정위)'를 통해 원만한 해결을 노려 볼 수 있다. 조정위는 전국 6곳(서울, 수원, 대전, 대구, 부산, 광주)에서 운영 중이다. 직접 방문하지 않아도 조정위 홈페이지에서 '분쟁조정 신청'을 할 수 있다.

세입자뿐 아니라 집주인도 분쟁조정을 신청할 수 있다. 신청인은 접수통지, 피신청인은 의견제출 요구를 받는다. 조정위 측 직원의 현장답사와 법률점검을 거쳐 조정회의가 진행하고, 이를 바탕으로 조정안을 마련한다. 단, 집주인이나 세입자가 소환에 응하지 않으면 중재 자체가 성립하지 않는다는 단점이 있다.

4. 소송 고려

온갖 방법을 다 동원해도 보증금을 받지 못하면 소송을 고려해야 한다. 집주인을 상대로 '보증금반환청구소송'을 진행하는 것이다. 이때 집주인에게 소송비용(변호사비용·송달료·검증료 등)과 지연이자를 함께 청구할 수 있다. 소송은 인터넷으로 '대법원 전자소송' 사이트에서 '서류제출 〉 민사서류 〉 소장'을 제출해 진행할 수 있다.

보증금반환소송에서 승소하면 법원이 해당 주택을 집주인으로부터 압류해 경매하는 등 강제집행을 신청할 수 있다. 집주인에게 보증금을 반환할 능력이 없으니 해당 주택을 판 금액을 세입자에게 주는 것이다. 선순위 근저당이나 가압류 등으로 보증금 전액 배당이 어려울 경우, 임대인의 다른 부동산을 가압류할 수도 있다.

집이 경매로 넘어가면 이제 보증금을 받기 위한 신청을 또 해야 한다. 과정은 '경매신청서 제출 〉 경매개시결정 〉 경매개시송달·임차인현

황조사명령 〉 감정평가 〉 최초경매 〉 낙찰 〉 이의신청 〉 낙찰잔금지불 〉 세입자배당' 순서로 진행된다. 사안에 따라 다르지만 최대 1년 정도 걸린다.

전세계약사기 당하지 않으려면

회사에서 5분 거리에 새 보금자리를 마련한 김고민 씨는 꼼꼼히 확인하고 따지며 알짜배기 전셋집을 얻었다. 새집에서 잘 지내던 어느 날, 갑자기 찾아온 집주인. 그런데 계약할 때 봤던 얼굴이 아니다. 집주인 입에선 고민 씨가 월세를 안 내고 연락도 안 받는다는 황당한 말이 쏟아진다. 청천벽력 같은 소리에 계약서를 확인하니 집주인이 아예 다른 사람이다. 경매에 넘어갈 집을 전세로 내놓거나, 주인인 척 속이고 계약을 체결하는 등 전세사기가 나날이 진화하고 있다. 소 잃고 외양간 고치기엔 전세보증금은 큰돈이다. 고민 씨처럼 전세사기를 당하지 않도록 예방법을 소개한다.

1. 매매가 1억 원, 전세가 1억 5천만 원?

깡통전세는 대출금이나 세입자의 보증금이 건물 시세보다 높아서 집주인의 보증금 반환 능력이 사실상 없는 상태를 말한다. 세입자에게 피해가 간다는 걸 알고도 고의로 전세계약을 맺는 경우가 있다. 깡통전세의 경우 주인이 집을 팔아도 대출금이나 보증금을 갚지 못할 수 있고 경매에 넘어갈 가능성도 있다.

이는 최근 신축 빌라를 중심으로 빈번히 발생하는 전세 사기 유형으로, 빌라가 상대적으로 아파트보다 시세 확인이 까다롭다는 점을 이용한 사례라고 볼 수 있다. 2019년 4월 사회를 떠들썩하게 한 전북 익산 대학가 원룸 사기(피해자 160명, 피해액 65억 원)가 이 유형에 속한다.

주택 시세 및 매매 금액 대비 보증금 액수 확인

계약 전에 집의 시세, 매매 금액 대비 보증금 액수가 적절한지 따져봐야 한다. 일반적으로 전세보증금은 매매가의 60~70% 정도면 적정하다고 본다. 집이 실제로 얼마에 팔리는지는 국토교통부 실거래가 공개시스템 홈페이지를 통해 확인할 수 있다. 공인중개사를 통해 이중으로 확인하면 더 안전하게 거래할 수 있다. 보증금이 적정가라면 등기부등본을 확인해 해당 집에 근저당이 있는지 살펴보자. 근저당은 미래에 생길 대출에 대비해 미리 우선권을 확보하는 것을 말한다. 계약하려는 집에 은행 대출 등 선순위 근저당이 있으면 계약서 특약 사항에 '잔금 시까지 상환 말소를 확인한다'는 내용을 넣는다. 상환할 계획이 없으면 전세계약을 하지 않는 게 낫다. 잔금을 치르기 전에 집주인이 대출을 갚지 않으면 집이 경매에 넘어갈 위험이 생기기 때문이다. 등기부등본에서 집과 관련된 과거 소송 건이 있는지 참고하는 것도 좋다.

---

2. 내가 계약한 사람과 집주인이 다르다?

보증금 편취는 집주인이 아닌 사람이 집주인인 척 속여 전세계약을 체결하는 사기 형태다. 김고민 씨의 피해 사례가 보증금 편취에 해당한다. 집주인과 월세 계약을 체결한 세입자가 주인인 척 새 세입자를 구해 전세계약을 맺고 보증금을 가로채는 경우가 대표적이다. 중개사가 해당 주택 관리인인 척 속여 주인에게는 월세계약서를 보내고, 세입자와는 전세계약서를 체결해 보증금을 가로채는 수법도 있다.

집주인 신분증과 등기권리증 확인

계약 상대가 진짜 집주인(임대인)인지 확실히 확인해야 한다. 전세계약 시 집주인의 신분증과 등기권리증, 재산세 같은 집 관련 세금 영수증을 확인하면 임대인이 맞는지 알 수 있다. 계약금과 잔금은 임대인 당사자 계좌로 보내는 게 안전하다. 중개사를 거치지 않고 애플리케이션을 통하거나 직거래를 하면 사기당할 위험이 클 수 있으니 주의하자. 공인중개사와 함께하면 중개법에 의거해 보호받을 수 있고 중개사가 계약 관련 사항들을 꼼꼼히 확인해 주는 장점이 있다. 공인된 중개사인지 확인하려면 국가공간정보포털 홈페이지의 열람공간 메뉴에서 '부동산 중개업 조회'를 활용하면 된다.

---

3. 대출 없던 집에 갑자기 대출이 생겼다?

근저당권 악용은 집주인이 세입자 몰래 집을 담보로 대출받는 경우다. 법의 맹점을 악용한 사례다. 1금융권 기준으로 선순위 세입자가 있으면 해당 집을 담보로 한 대출이 불가능하다. 전입신고를 하면 임대차 보호법상 대항력이 생겨 세입자가 1순위로 보호받을 수 있다.

하지만 근저당권과 전입신고의 시차를 악용하면 이야기가 달라진다. 근저당권은 즉시 효력이 발생하지만, 전입신고는 다음 날 0시부터 적용된다. 집주인이 악의를 품고 이사 당일 은행에서 담보 대출을 받으면 은행이 갖는 근저당권이 세입자의 대항력 발생보다 앞서게 된다. 세입자가 집을 계약한 당일 전입신고를 해도 집주인이 같은 날 해당 집을 담보로 은행에서 대출받으면 세입자보다 은행의 권리가 우선 적용된다. 이런 식으로 집주인이 허위로 대출받고 전세보증금까지 챙긴 뒤 반환을 회피하면 세입자는 곤란한 상황에 처한다. 집주인이 끝까지 대출금을 갚지 않으면 집이 경매에 넘어갈 수도 있다.

등기부등본 동일 유지 특약 넣기

계약서를 작성할 때 특약사항에 '전입신고 효력이 발생하는 계약일 익일까지 제한물권을 설정하지 않고 등기부등본을 계약 당시 상태와 동일하게 유지한다'는 조항을 넣는 게 좋다. 계약일 다음 날까지 집주인이 그 집을 담보로 은행 대출을 받지 않겠다는 약속을 계약서에 적어 두는 것이다. 미루지 않고 이사 당일 전입신고를 하는 것도 중요하다.

중고거래에서 사기당한 돈 돌려받으려면

김고민 씨는 중고거래를 하던 중 난감한 상황에 직면했다. 분명 돈을 보냈지만 약속한 물건이 오지 않은 것이다. '칼답' 하던 판매자는 갈수록 말수가 줄더니 급기야 모든 연락을 차단했다. 이게 바로 중고거래 사기인가. 피 같은 돈을 그냥 날려 버릴 수 없는 고민 씨를 위해 중고거래 사기당한 돈을 돌려받는 방법을 소개한다.

1. 신고 준비하기

피해 사실을 입증할 수 있는 서류를 준비해야 한다. 상대방 계좌번호가 포함된 이체내역서와 주고받은 문자나 카카오톡 대화 내용, 상대방이 올린 게시글, 통화 이력 등을 캡처해 파일로 만들거나 출력하자. 상대방에게 문자나 댓글로 '○월 ○일 ○시까지 돈을 돌려주지 않으면 신고하겠다'는 내용을 남기는 것도 내가 당한 피해를 입증하는 방법이다. 절차와 준비해야 할 것에 대해 더 알고 싶으면 경찰민원콜센터 182로 연락하면 된다.

그놈 상황은

'설마 신고까지 가겠어?'라며 마음 놓고 있을 가능성이 크다. 돈을 돌려주겠다면서 차일피일 약속을 미루는 그놈. 아직 잡히지 않을 거라고 자신할 수도 있는 그가 모르는 게 한 가지 있다. 온라인 사기 범죄 검거율이 81%(2019년 기준)에 달한다는 것!

물건을 받긴 했는데 상태가 이상하다면?

물건은 도착했다. 그런데 물건의 상태가 사전에 들던 것과 다르다. 사진보다 좀 더 낡았다. 가방을 사면 하나 더 준다고 했던 가방끈이 없다. 환불을 요청했지만 판매자는 '환불 불가'라고 명시했다며 버틴다. 이런 경우, 전자문서·전자거래분쟁조정위원회의 도움을 받을 수 있다. 위원회에서는 양쪽 당사자의 의견을 수렴하고 자료 검토를 마친 후 입장 차이를 최대한 조정하는 역할을 한다. 비용은 무료. 만 원 미만의 피해금액에 대해서도 분쟁조정이 이뤄지니 겁먹지 말고 문을 두드려 보자.

---

2. 경찰에 신고하기

신고는 경찰서에 고소장이나 신정서를 접수하는 방식으로 이뤄진다. 고소장은 명확한 피해 사실에 대해 수사해 달라고 촉구할 때 작성한다. 고소장 접수와 동시에 수사가 개시된다. 다만 고소한 사건이 사기가 아닌 걸로 드러나면 무고죄로 역고소를 당할 수 있다는 점을 주의하자. 진정서는 피해 사실에 대해 살펴봐 달라는 내용을 담은 문건이다. 경찰 내부에서 검토한 후 수사가 진행된다.

고소·진정 모두 경찰서를 직접 방문하거나 온라인으로 접수 가능하다. 방문 접수의 경우, 인근 경찰서 민원실을 찾아가면 된다. 지구대나 파출소가 아닌 경찰서를 방문해야 원활한 신고가 이뤄진다. 고소장 또는 진정서를 작성해 보자. 어렵지 않다. 민원실에서는 중고거래 사기를 당했을 경우 진정서 작성법 예시를 친절히 안내하고 있다. 진정서를 작성한 후, 사이버수사팀으로 이동해 사건 내용을 진술하면 된다. 이때 준비해 간 서류들을 제출하자. 두 번 왔다 갔다 할 필요 없이 당일 접수 및 진술이 가능하다.

온라인 접수는 경찰청 사이버범죄신고시스템을 통해 진행할 수 있다. 경찰청 홈페이지에서 '신고/지원 〉 사이버범죄 〉 신고/상담'을 차례로 클릭하자. 신분증과 준비한 서류를 파일로 제출하면 된다. 온라인으로 신고해도 경찰서에 방문해 조사받아야 한다. 피해자가 다수인 사이버 사기 사건인 경우, 피해자 중 일부가 이미 경찰서를 방문해 진술한 게 확인되면 경찰서에 방문하지 않아도 조사가 진행될 수 있다.

유의할 점은 경찰 신고만으로는 돈을 돌려받을 수 없다는 것이다. 경찰은 신고된 내용에 대해 조사하고 처벌하는 것뿐이지, 환불을 담당하지는 않는다. 상대방이 처벌을 피하기 위해 돈을 돌려주거나 합의를 요청할 확률이 커지는 것뿐이다. 상대방에게 사건을 접수한 내역을 촬영한 사진을 보내 보자. 바로 입금될 수도 있다.

그놈 상황은

"○○씨 되십니까? 여기 ○○경찰서 사이버수사팀인데요." 마음 놓고 있다가 경찰의 전화에 화들짝 놀란 그놈. 이제부터 몸 고생, 마음고생 시작이다. 경찰서에 오가며 사건 내용에 대해 진술해야 한다. 도주 우려가 있을 경우엔 구속될 수도 있다.

3. 은행에 계좌지급정지 신청하기

신고했지만 돈을 돌려받지 못할 것 같아 불안하다면. 상대방이 계좌에서 돈을 인출하지 못하도록 막는 방법이 있다. 경찰에 신고한 후, 경찰서에 사건·사고사실확인원과 지급정지요청공문을 부탁해 보자. 상대방 은행에 관련 서류를 제출하면 계좌지급정지를 신청할 수 있다.

다만 보이스 피싱과 달리 온라인 사기의 경우, 지급정지가 의무는 아니다. 은행에서 자료를 검토한 뒤 범죄에 연루된 계좌라고 판단하면 지급정지 하는 구조다. 은행과 지점마다 대응이 다를 수 있으니 먼저 전화로 연락해 보는 게 좋다.

그놈 상황은

돈을 인출하려는데 계좌가 정지됐다. 예상하지 못한 일이다. 돈 쓸 일이 많지만 현금밖에 사용할 수가 없다. 당장 생활이 곤란한 지경에 이를지도 모른다.

4. 형사처벌 단계에서 배상명령 신청하기

상대방이 경찰에 사기죄로 검거됐다. 검찰로 넘겨진 후, 기소되면 형사재판이 시작된다. 이때 상대방은 형의 감경을 위해서라도 돈을 돌려줄 것이다. 사기 범죄에서는 피해자의 피해가 회복됐는지 여부가 형량에 주요하게 작용하기 때문이다.

그러나 여전히 돈을 돌려받지 못했다면 배상명령을 신청할 수 있다. 배상명령은 형사피해자의 신속한 권리구제를 위한 제도다. 유죄 판결 선고와 동시에 일정 금액을 돌려받도록 명하는 것이다. 다만 약식 기소된 사건에서는 배상명령을 신청할 수 없다.

그놈 상황은

사기죄는 10년 이하의 징역 또는 2천만 원 이하의 벌금형에 처한다. 소액일 경우 처벌이 약할 수도 있다. 상습범이면 이야기가 달라진다. 집행유예나 기소유예 중에 또 범죄를 저질렀을 경우 중형을 피할 수 없다.

5. 민사재판에서 소액 사건 심판 진행하기

형사처벌 절차가 끝났는데도 아무런 피해 보상을 받지 못했다고? 이제 민사로 가야 한다. 민사는 처벌 외에 상대방과 얽힌 '돈 문제'를 풀

어내는 절차다. 민사재판에서는 원금과 이자뿐만 아니라, 증빙자료가 있으면 정신적 손해배상, 신고·소송에 든 비용 청구도 가능하다. 단, 시간과 비용이 든다는 단점은 있다.

소송 금액이 적으면 실익이 없어 포기하는 사례도 있지만 아직 포기하긴 이르다. 소액 사건 심판과 지급명령 같은 제도가 있다. 소액 사건 심판은 3천만 원 이하의 소액 채권자가 청구할 수 있다. 적은 비용으로 신속한 심판이 가능하다. 지급명령은 변론기일이 별도로 없다. 재판부가 제출된 서류를 검토한 뒤, 요건이 인정되면 비용지급을 명령한다.

혹시 상대방이 돈이 없다고 우기더라도 사기범의 재산을 가압류하거나 강제 집행해 돈을 돌려받을 수 있다. 재산명시신청과 재산조회신청을 거쳐 상대방이 은닉한 재산을 찾아낼 수도 있다.

그놈 상황은

엎친 데 덮친 격이다. 이미 형사처벌로 몸과 마음이 너덜너덜해진 상황. 민사까지 걸리게 될 줄은 몰랐다. 사기 친 금액뿐 아니라 이자, 정신적 손해, 소송비용을 모두 배상해야 할 수도 있다.

중고거래 전 이것만은 꼼꼼히 따지기!

숨기는 사람과는 거래하지 않기

상대방 정보가 확실하지 않으면 거래 전에 주의하는 게 좋다. 카카오톡 아이디만 알려 주고 휴대전화 번호 등을 알려 주지 않는 경우도 거래를 다시 생각해 봐야 한다. 알려 준 이름과 계좌번호에 연동된 이름이 다른 경우도 의심해 볼 만하다.

거래 전 검색 필수

경찰청 사이버수사국이 운영하는 사이버캅에서 의심스러운 전화번호와 계좌번호를 검색할 수 있다. 최근 3개월 동안 3회 이상 경찰에 신고 접수된 번호들과 비교하는 시스템이다. 더치트 사이트에서도 사기 등록된 피해 사례를 찾아볼 수 있다.

거래 장소와 시기도 고려

대면 직거래 시 물건 상태를 확인할 수 있는 낮에 만나는 게 좋다. 혹시 모를 범죄 예방을 위해 사람들 왕래가 잦은 공공장소에서 거래하는 걸 추천한다. 파출소나 경찰서 앞에서 거래하는 것도 현명한 방법 중 하나. 휴일 직전 또는 휴일 거래는 지양하는 게 좋다. 사기인 경우에 사기 여부 파악에 시간이 걸리기 때문이다.

안전결제 서비스 적극 이용

수수료를 부담하더라도 안전결제 서비스를 이용하면 사기를 방지할 수 있다. 안전결제는 구매자가 대금을 보내면 거래사이트에서 보관하고 있다가 물품을 정상적으로 받은 걸 확인하면 판매자에게 지급하는 시스템이다. 다만 판매자가 가짜 안전결제 주소를 보낼 수 있으니, 주소가 확실한지 꼼꼼히 확인하자.

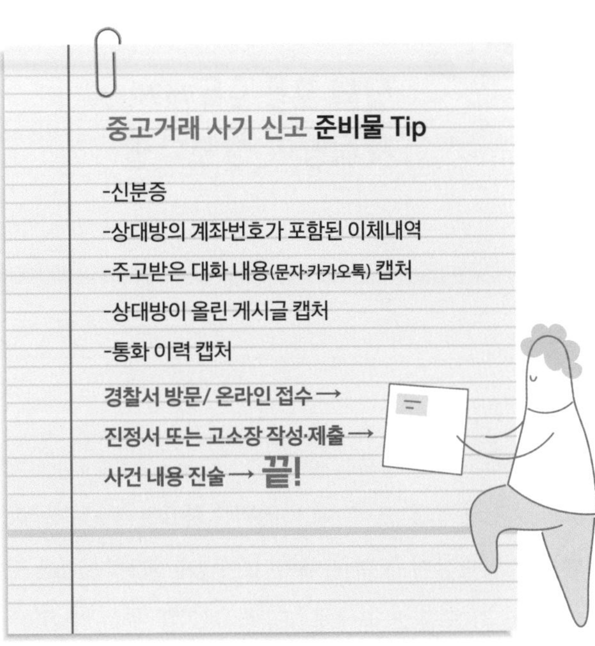
중고거래 사기 신고 준비물 Tip
-신분증
-상대방의 계좌번호가 포함된 이체내역
-주고받은 대화 내용(문자·카카오톡) 캡처
-상대방이 올린 게시글 캡처
-통화 이력 캡처
경찰서 방문/ 온라인 접수 →
진정서 또는 고소장 작성·제출 →
사건 내용 진술 → 끝!

정체 모를 도둑에게 자취방이 털렸다면

"다 알고 왔다. 좋은 말로 할 때 나와라!" 김고민 씨는 퇴근하고 돌아온 자취방에서 이질감이 느껴질 때마다 이렇게 외친다. 침대 밑이나 옷장에 숨어 있을지 모를 도둑에게 도망갈 기회를 주는 것이다. 혹시 모를 상황을 걱정하는 고민 씨를 위해 자취방에 낯선 이가 침입한 흔적을 발견했을 때의 대처 방법을 소개한다.

1. 경찰관님, 제 방이 털린 것 같아요

112에 전화를 걸어 침착하게 상황을 설명한다. 침입자가 집에서 빠져나갔는지 확신할 수 없다면 섣불리 자취방에 들어가지 말자. 신고 후에 건물 관리사무실이나 가까운 편의점에서 기다리다가 경찰관과 함께 현장에 진입하는 게 안전하다.

2. 원래도 어질러져 있었지만 이번엔 달라요

경찰관이 도착하면 도둑의 자취를 포착하기 위한 사전 조사가 시작된다. 우선 없어진 물건이 있는지 파악한다. 건물 안팎 CCTV를 돌려 보며 거주자가 아닌 사람의 건물 출입여부도 확인한다. 없어진 물건이 없고, CCTV 기록에도 의심스러운 정황이 보이지 않으면 상황은 종료된다. 경찰관은 방범진단을 진행하고 철수한다. 방범창과 현관문과 창문의 잠금장치, 건물 내 CCTV 시야 조정 등 방범을 위해 보강할 사안을 안내받을 수 있다.

3. 도둑의 흔적, 경찰서에 기록해 주마

누군가 침입한 정황이 확인되면 경찰관과 함께 순찰차를 타고 가까운 지구대로 이동한다. 신분증, 휴대전화, 집에 돌아올 차비를 챙기자. 지구대에서는 신원 확인 후 진술 조사가 이뤄진다. 육하원칙에 따라 피해 사실에 대한 진술서를 작성하면 사건이 접수돼 수사가 시작된다. 반드시 곧바로 경찰관과 동행해야 하는 것은 아니다. 일정을 조율해 진술 조사일을 정하고 혼자 지구대에 방문해도 된다.

4. 그 카드는 제가 긁은 게 아닙니다

집에 돌아오면 도난당한 금품에 대한 사후조치를 서두르자. 부지런히 움직일수록 추가 피해를 최소화할 수 있다. 통장, 카드, 신분증 등은 분실신고하고 재발급 받으면 된다. 안타깝게도 도둑맞은 물건은 속수

무책이다. 경찰의 역할은 수사와 검거까지다. 도둑을 잡는다고 하더라도 그가 훔친 금품을 모두 거래했다면 피해보전 가능성은 미지수다.

자취방에 가입된 화재보험을 확인해 보자. '도난 특약'이 있으면 보험사를 통해 피해보전을 받을 수도 있다. 도난 특약은 도둑이 훔친 물건에 대해 보험금을 지급하는 특별계약이다. 경찰서에서 사건접수번호를 받아 보험사에 제출하면 사건 종결 후 보험금이 지급된다.

5. 도둑의 정체는 언제쯤 알 수 있을까

사건을 접수하면 경찰서에서 수사 진행 상황을 문자 메시지로 알려준다. 피해자가 원하면 담당 수사관에게 통화로 궁금한 점을 직접 질문할 수 있다. 법무부 형사사법포털 홈페이지에 접속해 '사건조회안내' 서비스를 이용해도 된다.

도둑이 아니라 몰카범이었다면 어쩌지?!

경찰청 여성청소년과에서 불법촬영기기(몰카) 탐지를 지원한다. 진술 조사하면서 몰카 탐지를 요청하면 경찰관이 전문장비로 집을 탐색해 준다. 누군가의 침입 흔적이 없어 사건이 접수되지 않더라도 몰카 탐지는 지원한다. 집에 들어왔던 손님이 의심스럽거나, 입주할 자취방에 몰카가 있는지 걱정하는 상황에서 도움받을 수 있다. 다만 이는 긴급 상황이 아니니 112번 말고 182번으로 전화하자. 대부분의 지자체에서 몰카 탐지기 무상 대여 사업을 운영한다. 하지만 대여 대상은 상가나 학교 등 다중이용시설사설 운영자로 제한된다. 자취방이 속한 지자체 홈페이지에서 몰카 탐지기 대여 사업 운영여부와 대여 자격을 확인해 보자.

---

6. 자취방에 들어가기 무섭다면

불안과 공포에 시달린다면 주변에 소문내자. 충격적인 경험을 애써 외면하고 덮어 두면 외상 후 스트레스 장애(PTSD)로 악화될 수 있다. 스트레스의 원인을 언어로 표현하는 활동은 심리상태를 안정시키는 효과가 있다.

한 달이 지나도 불안과 공포가 이어진다면 정신과 전문의를 찾는 게 좋다. 법무부가 운영하는 범죄피해자 심리지원 전문기관 '스마일센터'는 24시간 전화 상담과 접수를 받고 있다. 심리상담, 회복프로그램, 전문의 진료, 약물치료를 무료로 지원받을 수 있다. 다만, 모든 범죄 피해자가 도움을 받을 수 있는 것은 아니고, 강력범죄 피해자와 그 가족으로 이용대상이 한정된다.

성폭력 신고가 고민된다면

신고할까, 그냥 덮어 버릴까. 어쩌면 수백 번도 더 했을 고민이다. 김고민 씨가 주저하는 게 당연하다. 가해자를 처벌하고 싶고 또 다른 피해를 막고 싶다는 생각도 들지만, 피해자가 된 현실을 믿고 싶지도 않고 주변에 알려질까 걱정도 된다. 고통스러운 기억을 다시 떠올리는 것부터 힘든 일이다. 성폭력 신고 이후의 과정을 조금이나마 알 수 있다면, 고민 씨의 선택에 도움이 될 수도 있을 것이다. 성폭력 상담을 받거나 신고하면 경찰 조사 이후 재판까지 어떤 일이 일어날지 소개한다.

1. 성폭력 신고 및 상담하기

일반적으로 범죄 신고는 112를 통해 이뤄진다. 성폭력 신고도 마찬가지다. 다만, 경찰에 신고할지 말지 아직 결심이 서지 않았다면 성폭력 피해 지원 기관을 통해 먼저 상담해 보자. '여성긴급상담전화 1366'또는 성희롱성폭력근절종합지원센터, 한국성폭력상담소, 한국여성민우회, 한국여성의전화, 해바라기센터 등에 연락하면 각 상황에 맞는 조언과 신고·조력 절차, 의료지원을 안내받을 수 있다.

불법촬영물 피해를 입었을 경우, 디지털성범죄피해자지원센터와 상담하고 삭제지원을 받을 수 있다. 상담 및 지원 비용은 무료다. 상담과 신고는 별개니 연락할 때 조금은 마음을 편히 가져 보자.

2. 빠르고 꼼꼼한 증거 확보가 관건

신고할 결심을 했으면 증거를 확보해야 한다. 성폭행 사건은 빠른 증거 확보가 관건이다. 몸을 씻지 않은 상태로 의료기관에 가서 증거를 채취해야 한다. 경찰에 신고하면 각 지역 해바라기센터 등 성폭력피해자 전담의료기관으로 안내한다. 의료기관에서는 응급키트를 이용해 겉옷을 수집하고 몸에 남은 증거를 채취해 국립과학수사연구소로 보낸다.

성추행 등 다른 성범죄도 가해자와의 대화 내역 등의 증거를 확보할 수 있으면 좋다. 특히 디지털성범죄의 경우, 사진과 동영상을 캡처해 증거로 만드는 게 필요하다. 증거 형식은 꼭 PDF 파일이 아니어도 괜찮다. 가해자의 아이디, 닉네임, 아이피 주소 등을 확보하면 수사가 좀 더 수월하게 진행될 수 있다.

주의할 점도 있다. 경찰 신고 후 즉시 조사가 이뤄질 수 있는 점인데 혼란스러운 상태에서 조사를 받으면 원하는 만큼 진술하기 어려울 수도 있다. 신고하기 전, 사건 내용을 스스로 정리해 보면 추후 진술에 도움 된다. 신뢰 관계가 있는 지인이나 변호인, 상담기관 관계자 등과 동석해 조사받는 것도 가능하다.

3. 당당하게 진술하기

첫 진술은 떨리는 일이다. 미리 준비했어도 긴장감에 말이 잘못 나올 수 있다. 경찰 조사 과정에서 피해자에겐 녹음할 권리, 진술서 사본을 요청할 권리, 진술서를 수정할 권리가 있다. 경찰이 사건 당시 옷차림을 물을 때는 '내 탓하는 건가' 싶어 기분이 상할 수도 있다. 납득할 수 없는 질문을 받으면 경찰에게 질문하는 이유를 물어도 괜찮다. 동성 경찰에게 조사받거나 수사관 교체를 요구할 수도 있다. 불편한 점이 있으면 당당하게 이야기해도 괜찮다.

신고 후 가족이나 다른 사람들이 알게 될까, 여전히 마음에 걸릴 수 있다. 진술조서나 고소장을 작성할 때 피해자의 인적사항 기재를 생략하거나 가명으로 기재할 수 있다. 재판 관련 서류를 받는 주소도 변호사 사무실이나 상담기관 등으로 변경할 수 있고, 신변보호 조치도 마련돼 있다. 보복당할 우려가 있는 경우, 일정 기간 특정시설에서 거주하며 보호받거나 주거지를 주기적으로 순찰해 달라고 요청할 수 있다.

현행법에 따르면 성폭력피해자를 위한 조력 제도가 존재한다. 성폭력 피해자는 국선변호인 또는 여성가족부 무료법률구조사업 도움을 받을 수 있다. 상담 기관에 요청하면 한국성폭력위기센터 등 무료법률구조사업 수행기관으로 연결해 준다. 해당 기관에서 구조 여부를 심사한 후, 변호사를 연결해 법률 구조를 진행하는 방식이다. 경찰 조사 과정은 물론 검찰 조사, 성폭력 관련 형사사건, 민사사건, 역고소 사건까지 도움받을 수 있다.

4. 재판 과정 미리 알아 두기

형사 재판 과정은 어떻게 진행될까. 피해자는 가해자의 재판에 증인으로서 참석할 권리가 있다. 피해자의 증언이 가해자의 유·무죄, 합당한 양형을 위해 중요할 수 있다. 사람이 많은 재판정에 서는 일이 부담되면, 피고인의 측근 및 다른 방청객의 퇴정을 명하는 비공개 재판을 신청해도 좋다. 피고인에게 퇴정을 요청하거나 가림막을 치는 등 가해자를 보지 않고 증언하는 것도 가능하다. 합의 여부 역시 피해자의 권리다. 합의가 가능하면 해도 괜찮다. 가해자가 합의를 목적으로 전화하거나 찾아올 경우, 합의강요죄로 고소할 수 있다.

법적 대응이 아닌 다른 방법으로도 가해자를 처벌할 수 있다. 성희롱·성추행 등 직장 내 성범죄 등에 대해 고용노동부와 국가인권위원회에 진정을 제기하는 것이다. 직장 또는 학교 내의 성폭력 관련 기구에 진정을 넣어 가해자를 징계하는 방법도 있다.

쉽지 않은 길이다. 힘들고 후회될 수도 있다. 그렇지만 당신 옆에는 당신을 지지하고 사랑하는 사람들, 이용할 수 있는 제도가 있다는 점을 기억하자.

5부

쉽게 무너지지 않아

미래를 대비하는 방법

10.9%. 통계청이 2020년 실시한 청년사회경제실태조사(한국청소년정책연구원)에서 내 집 마련을 포기했다고 답한 만 18~34세 청년(3520명)의 비중이다. 내 집을 마련하고 싶다고 답한 청년이 무려 68.6%에 달했지만, 집을 소유한 청년의 비율은 7.8%에 그쳤다. 서울에 사는 청년의 53%는 부모 도움 없이 내 집을 마련하는 일이 불가능하다고 답했다. 그러니 집을 사고 싶은 욕망도, 살 수 없을 거란 절망도 크다. 집값은 바라보기 힘들 정도로 비싸고, 직장인 특히 사회초년생인 청년의 월급은 일반적으로 민망할 정도로 귀여우니까. 이룰 수 없는 건 처음부터 쳐다보지도 않는 게 고를 수 있는 유일한 선택지처럼 느껴질 수도 있을 것이다.
그러나 집을 사는 걸 반드시 목표로 하지 않더라도 경제력을 키울 필요는 있다. 경제력을 키워서 얻는 장점이 많기 때문이다. PART4에서 살펴본 것처럼 갑작스러운 어려움이 찾아왔을 때 안전한 곳으로 대피할 여유를 만들어 주는 게 바로 경제력이다. 내 집 마련 같은 불확실하고 먼 미래를 위해 버틴다는 마음보다는 당장 나를 지켜 주는 힘을 기른다고 생각하면 어떨까. 이불 밖은 위험하고 무서우니 나를 지켜 줄 비장의 무기 하나쯤 손에 쥐고 있는 게 좋지 않을까.

PART5에선 스스로 미래를 대비하는 방법에 관한 이야기를 다룬다. 세상엔 돈을 벌 수 있는 온갖 정보가 넘쳐나지만, 스스로 지키기 위해 무엇을 하면 좋은지 얘기해 주는 곳은 많지 않다. 어렵고 관심 없는 보험이나 재테크 이야기를 자랑하듯 늘어놓으면 귀에 잘 안 들어오기도 한다. 잘 모르는 것이니 시작 전부터 어렵고 낯설고 남의 얘기처럼 느껴질 수 있다.

PART5를 통해 안정적인 미래를 위한 최소한을 대비하는 방법을 알 수 있을 것이다. 적어도 주변 동료나 친구들보다 많이 뒤처지거나 경제 이슈 이야기를 나누는 데 끼지 못할 일이 없도록 도와줄 것이다. 의외로 적성에 맞아 재미를 붙이거나 더 깊이 공부하고 싶은 마음이 들지도 모른다. 무엇보다 이번 PART를 꼼꼼히 읽고 나면, 이전보다 마음이 더 편안해질 수도 있다. 내 미래를 스스로 지키는 일이 어렵지만은 않다는 걸 알게 될 테니까.

PART5를 처음부터 하나씩 정독해 보자. 잘 모르는 내용이 많겠지만, 무엇 하나 빼놓을 수 없을 정도로 도움 되는 내용을 주로 경제 분야 담당 기자인 저자들이 꼭 알리고 싶은 간절한 마음을 담아 작성했기 때문이다. 가장 기초적인 내용 위주로 담았으니, 다 읽은 후 다른 책이나 자료에서 더 자세한 내용을 찾아보는 것도 좋은 방법이다.

사회생활을 시작하는 것, 혼자 사는 것, 불행을 맞이하는 것 모두 불안하고 위험해 보일 수 있다. 그래서 더더욱 스스로 지키는 힘을 기르는 게 중요하다. 좋은 집을 사고 엄청난 부자가 되는 건 어려울지 몰라도, 인생이 더 망하지 않도록 지키는 건 누구나 할 수 있다는 걸 기억하자.

국가건강검진 꼭 받아야 하는지 궁금하다면

'건강검진'은 들어 봤는데 '국가건강검진'은 대체 뭐지? 김고민 씨는 올해 안에 꼭 국가건강검진을 받으라는 회사의 공식 미션에 마음이 무거워진다. 검색해도 뭐가 뭔지 잘 모르겠다. 누구에게 물어봐야 할지 모르겠고 눈치도 보이는 고민 씨를 위해 국가건강검진이 무엇인지 소개한다.

1. 대상은 해당 홀짝수 연도 출생자

취업 여부와 관계없이 짝수 해에는 짝수 해 출생자, 홀수 해에는 홀수 해 출생자가 국가건강검진 대상이다. 예를 들어 2022년에는 만 20세 이상, 짝수 해에 태어난 사람이 국가건강검진을 받는다. 다만 비사무직 근로자는 매년 검진을 받는다. 한국표준직업분류에 따르면 의사, 간호사, 조리사, 경비, 외근 기자, 건설현장 종사자 등 사무실 밖에서 근무하는 직종을 비사무직으로 분류한다.

2. 비용은 무료

건강보험공단이 국가건강검진 일반검진 비용을 전액 부담한다.

3. 시기는 연말까지

국가건강검진 기한은 12월 31일까지다. 되도록 상반기에 부지런히 해 두길 권한다. 연말에는 수검자가 몰려 예약이 어려울 뿐만 아니라 대기 시간도 길어질 수 있다.

4. 장소는 인증 병원 어디든

국민건강보험공단에서 인증한 병·의원을 이용하면 된다. 국민건강보험 '건강in' 홈페이지 '건강검진 〉 검진기관 정보 〉 검진기관 찾기'에서 원하는 지역의 인증병원을 찾을 수 있다. 보건소에서도 검진받을 수 있다. 다만 요즘 보건소가 방역에 집중하느라 기존 업무를 축소한다는 걸 염두에 두자. 병원이든 보건소든 미리 전화해서 물어보자. 추천 멘트는 "국가건강검진 받으려고 하는데요. 언제 방문하면 될까요?"

5. 소요 시간은 약 1시간

일반검진 항목은 의사 진찰·상담, 신체계측(신장·체중·허리둘레·체질량지수), 시력·청력검사, 혈압측정, 흉부방사선검사, 혈액검사, 소변검사 등이다. 이외 치과에서 별도로 진행하는 구강검진이 있다. 대기 시간 없이 일사천리로 진행하면 1시간 안에 마무리된다.

6. 안 하면 회사에 과태료

근로자가 국가건강검진을 받지 않으면 사업주가 과태료 10만 원을 내야 한다. 산업안전보건법은 사업주가 근로자의 건강 보호를 위해 국가건강검진을 실시할 의무가 있다고 규정하기 때문이다. 치과검진에는 과태료를 부과하지 않는다(국가건강검진을 받지 않는다고 근로자가 받는 불이익은 없다).

내가 검진 대상인지 모르겠다면

직접 조회해 보자. 공인인증서가 있으면 국민건강보험 홈페이지 '자주 찾는 민원서비스 〉 건강정보 〉 검진대상자조회'에서 확인할 수 있다. 공인인증서가 없다면 국민건강보험(1577-1000)으로 전화 문의하자. 추천 멘트는 "국가건강검진 대상자인지 조회해 보려고 전화 드렸습니다."

건강에 대한 걱정이 크다면

의사와 상담 후 추가검진을 받을 수 있다. 내시경의 경우, 수면 기준 대장내시경 15~20만 원, 위내시경 10~15만 원을 더 내면 추가검진을 받을 수 있다. 비용은 병원마다 다르다. 혼자 차를 운전해서 병원에 가면 수면 내시경이 아닌 비수면 내시경을 받아야 한다는 점을 유의하자.

검진시기를 놓쳤다면

좌절하지 말자. 검진 시기를 놓쳐도 바로 이듬해에 다시 기회를 얻을 수 있다. 회사 측에서 사업장 건강(암)검진대상자 변경(추가)신청서를 작성해 건강보험공단에 제출하면 된다. 해당 업무 담당자의 원망을 살 위험 정도는 감수하자.

1순위 청약통장이 목표라면

김고민 씨에게는 어린 시절 부모님께서 마련해 준 주택청약통장이 있다. 언젠가 내 집을 가질 수 있다는 희망에 부푼 때도 있었지만 언제부턴가 매월 아까운 돈만 새는 것처럼 느껴진다. 청약 당첨 확률을 높이려면 결혼해서 아이까지 있어야 한다던데. 차라리 통장을 깨고 그 돈으로 주식을 사거나 당장 필요한 곳에 사용하는 게 나을 것 같기도 하다. 내 집 마련이 이번 생에 가능한 일일까. 청약통장을 불신하는 고민 씨를 위해 청약통장을 계속 붙들고 있어야 하는지, 어떻게 활용하면 좋은지 안내한다.

1. 청약통장 이해 편—얼마씩 넣어야 한다고?

청약이란?

새 아파트를 분양받고 싶다는 의사표시다. '청약을 넣는다'고 표현한다. '주택청약종합저축(청약통장)'은 청약할 때 필요한 통장이다. 대한민국 국민은 1인 1계좌로 누구나 개설 가능하다. 보유 주택이 있어도, 나이가 어려도, 본인과 세대주가 아니어도 만들 수 있다. 국민·기업·농협·신한·우리·하나·대구·부산·경남은행 등을 방문해서 만들면 된다.

언제 만들면 좋을까?

청약통장을 만드는 데 나이 제한은 없다. 다만 만 19세 전에는 제약사항이 있다. 국민주택 청약 시에는 금액이 큰 순서대로 24회차까지만 인정된다. 민영주택 청약 시에는 입금 금액 전액이 인정되지만 청약 가점 대상 기간은 최대 2년만 적용된다.

얼마씩 넣을까?

청약통장을 사용해 청약할 수 있는 주택은 '국민주택'과 '민영주택'으로 나뉜다. 어떤 주택이냐에 따라 가장 먼저 청약을 받을 수 있는 청약 1순위 요건과 판단 기준이 달라진다. 어떤 주택이든 납입금액은 매월 2만 원에서 50만 원까지 자유롭게 가능하다. 다만 유형별로 효과적인 납입금액은 최소 0원(민영주택), 최대 10만 원(국민주택), 최대 20만 원(재테크) 3가지로 나눠볼 수 있다.

국민주택과 민영주택이란?

정부·공사·지자체 등이 지었다면 국민주택(전용면적 85m² 이하), 이를 제외한 일반 건설사가 지었으면 민영주택이다. 자이, 푸르지오, 래미안 등 웬만한 브랜드 아파트는 거의 민영주택이라고 보면 된다. 다만, 민영주택에 국민주택이나 공공임대 할당분이 있거나 공기업에서 민간 건설사에 위탁 시공하는 경우도 많아 브랜드 아파트라도 민영주택과 공공주택이 섞여 있을 수는 있다.

국민주택, 월 10만 원씩 꾸준히 저축

'납입 횟수'와 '연체 여부'가 중요하다. 국토교통부에 따르면 수도권 기준 '매월 약정 납입일에 월납입금을 12회 이상 납입한 자'가 1순위 대상이 된다. 투기·청약 과열지구는 가입기간 24개월, 납입 횟수 24회 이상. 그 외 지역은 6개월, 6회 이상이 청약 1순위 기준이다. 이는 민영주택도 동일하다. 주택 면적이 넓으면 금액이 중요해진다. 전용 $40m^2$ 이하 주택은 총 납입횟수가 많은 순서, 전용 $40m^2$ 초과 주택은 총 납입금액이 많은 순서로 선정한다. 1회당 납입금액은 최대 10만 원까지다. 훗날 어떤 면적에 청약할지 모르겠다면, 모든 지역과 평형대에 지원 가능하도록 '월 10만 원씩 24개월간 꾸준히 납입' 조건을 미리 맞춰 놓자.

민영주택, 미리 가입하고 금액만 맞추자

'가입기간'과 '납부 금액'을 맞추는 게 중요하다. 국토교통부에 따르면 수도권 기준 '청약통장 가입기간이 12개월 경과하고 예치기준금액을 납입한 자'에게 1순위가 주어진다. 예치기준금액이란 청약에 필요한 최소한의 돈이다. 청약 바로 직전인 입주자모집공고일 당일까지 채워 두면 된다. 청약통장을 12개월 전에 만들 때 기본금 2만 원을 넣어 놓고, 이후 한 푼도 넣지 않다가 청약 직전에 나머지 필요한 금액을 한 번에 넣어도 괜찮다는 의미다. 훗날 어떤 지역과 평형대에 청약할지 모르겠다면 모든 면적에 지원 가능한 '1,500만 원 이상, 24개월 이상 납입' 조건을 미리 맞춰 놓는 것도 방법이다.

예치기준금액 차이!

예치기준금액은 지역과 아파트 평형에 따라 다르다. 지역별 예치기준금액은 '청약홈'에서 확인 가능하다. 예를 들어 서울과 부산 지역에서 전용 85m² 이하 평형 1순위가 되려면, 통장에 최소 300만 원이 있어야 한다. 1,500만 원 이상이 든 통장이 있으면 전용 135m²가 넘어서는 모든 주택형 1순위 자격을 갖게 된다.

---

2. 청약통장 활용 편-저축 외 다른 기능이 있다고?

언제 될지도 모를 청약 당첨만 기다리며 통장에 쌓여 가는 금액을 10년 이상 묵혀 두지만 말자. 청약통장을 활용해 아낄 수 있는 돈은 아끼고 때론 투자 자금으로 활용하는 청약통장 재테크 방법을 소개한다.

여력이 된다면 20만 원씩 넣어 '소득공제'

자금 여력이 된다면 월 20만 원씩 납입하는 걸 추천한다. 청약통장에는 소득공제 혜택이 주어지기 때문이다. 현재 총 급여액 7,000만 원 이하 무주택자는 연 납입액 240만 원(월 20만 원) 한도 내에서 40%의 소득공제가 가능하다. 매월 20만 원씩 빠짐없이 내면 연말정산 시 96만 원이 소득공제된다. 그만큼 세금을 아낄 수 있다.

청년이라면 연 최대 3.3% '금리혜택'

일반 청약통장이 아닌 '청년우대형 청약통장' 가입자라면 연 3.3% 금리혜택도 누릴 수 있다. 청년우대형 청약통장의 가입대상은 만 19세 이상 34세 이하(병역기간 인정), 연 소득 3,000만 원 이하 무주택 세대주(또는 무주택세대 세대원이거나 가입 후 3년 내 무주택 세대주 예정자) 청년이다. 가입기간이 2년 이상 지나면 원금 5,000만 원까지 연 최대 3.3% 금리(최대 10년까지)와 이자소득 비과세 혜택이 제공된다.

급전이 필요하다면 '주택청약 담보대출'

급하게 돈이 필요하다고 청약통장을 깨지 말자. 이럴 때 활용 가능한 청약통장 대출이 있다. 공식 명칭은 '주택청약 담보대출'이다. 청약은 깨지 않으면서 그동안 모은 청약금을 담보로 월 몇 만 원의 낮은 이자로 대출받을 수 있는 상품이다.

대출한도는 청약저축 납입액의 95% 이내다. 청약통장에 500만 원이 있다면 이 경우 최대한도는 500만 원의 95%인 475만 원. 최대한도 내에서 여러 차례 나눠 대출받을 수 있다. 이자는 은행마다 다르다. 본인이 가입한 청약통장 은행에 확인해 보자. 통상 기준금리에 가산금리가 더해져 금리가 확정된다. '주택청약 담보대출'엔 중도상환 수수료(대출상환 일정보다 먼저 상환 시 지불하는 해약금)가 없어 언제든 갚을 수 있다.

첫 보험 가입이 고민된다면

첫 월급으로 보험에 가입하는 직장인은 많지 않다. 김고민 씨 주변을 둘러봐도 대부분 적금이나 주식에 투자하고 있다. 하지만 누구에게나, 언제든 보험이 필요한 순간이 찾아올 수 있다. 보험 상품에 가입하는 건 적금이나 주식 계좌를 개설하는 것보다 복잡하고 까다롭다. 고민 씨 역시 무슨 이야기인지도 모른 채 고개를 끄덕이다가 무작정 보험 가입 서약서에 사인할까 걱정이다. 보험이 처음인 고민 씨를 위해 가입 전 반드시 확인해야 할 사항을 안내한다.

1. 꼭 필요한 보험인지 판단

보험이 나에게 꼭 필요한지 생각해 보자. 지인이나 보험설계사의 권유, 부탁으로 엉겁결에 보험 상품에 가입하는 일은 최대한 피하자. 고혈압이나 암 등 특정 질병에 가족력이 있거나 건강이 좋지 않아 스스로 필요성을 느낄 때 가입하는 게 좋다. 의도치 않게 보험에 가입하는 경우가 의외로 많다. 삼성생명 인생금융연구소에서 2020년 5월 발표한 〈40대 기혼가구의 보험소비 특성연구 보고서〉에 따르면, 30대의 39%가 '가족 및 지인의 권유'로 보험에 가입했다고 답했다. '본인 또는 주변의 질병 및 사고 경험'으로 가입한 경우는 24.3%에 불과했다.

월 2~3만 원 보험을 가볍게 보면 안 된다. 건강보험이나 저축보험 등은 만기 기한이 없거나 수년, 수십 년이 기본인 계약이 대부분이다. 월 10만 원 저축보험 상품일 경우, 실제 계약 후 납입해야 하는 금액이 많으면 수천만 원에 달하기도 한다. 보험은 어떤 금융상품보다도 많은 자금이 필요한 상품이란 걸 기억하자.

2. '의무고지 사항' 검토

보험에 가입할 때 '의무고지 사항'을 확인해야 한다. 의무고지 사항은 보험 가입자가 '보험청약서 질문표'의 질문에 사실대로 답해야 할 의무사항을 뜻한다. 보험계약자가 질문표에 현재·과거의 질병과 직접 차량을 운전하는지 등을 직접 기재하는 방식으로 진행된다.

더 세부직인 항목도 직어야 한다. 최근 3개월 안에 의사에게 입원이나 추가검사 소견을 받았는지, 최근 2년 안에 질병이나 사고로 입원·수술받았는지, 최근 5년 안에 의사에게 암 진단 혹은 수술받았는지 여부를 솔직하고 정확하게 적으면 된다.

가입자가 의무고지 사항을 위반하면 보험사는 보험금을 지급하지 않거나 계약을 해지할 수 있다. 이를 방지하려면 가입할 때 '건강검진 진단서'를 들고 가는 것도 좋은 방법이다. 건강검진 진단서가 없고 병력이 잘 기억나지 않으면 계약을 잠시 미뤄도 괜찮다.

3. 보험 상품 '교차검증' 필수

보험 계약서에 사인하기 전 마지막으로 '교차검증'을 해 보는 게 좋다. 같은 종류의 건강보험 상품이어도 보험사마다 보장 금액과 범위가 조금씩 다르기 때문이다. 암 보험은 성별, 나이, 소득 수준부터 납입 방식(만기환급형, 표준형, 무해지환급형 등)까지 여러 기준에 따라 다양한 상품이 있다.

보험 상품을 비교하는 가장 좋은 방법은 여러 보험설계사를 만나 상담받는 것이다. 그중 가장 좋은 조건을 제시하는 보험설계사를 통해 보험에 가입하면 된다. 시간 여유가 없을 땐 온라인 보험 비교·견적 사이트인 '보험다모아'를 이용하는 것도 좋은 방법이다. 생명·손해보험협회가 보험사들과 함께 만든 보험다모아를 이용하면 자신에게 맞는 보험 상품을 무료로 빠르게 찾을 수 있다.

4. 가입이 후회되면 청약철회

보험 설명을 충분히 듣지 못했거나 잘못 가입했다고 느끼면 계약을 철회할 수 있다. 일반적으로 청약철회 기간은 가입 후 '보험증권'을 수령한 날부터 15일까지다. 청약철회를 신청하면 보험사는 철회 접수일부터

3일 안에 납입한 보험료를 전액 돌려준다. 보험사가 반환을 늦게 하면 약간의 이자까지 추가로 받을 수 있다. 가입한 날부터 30일을 넘기면 철회가 불가능하다. 예외는 있다. 보험사가 약관 및 청약서 부본을 제공하지 않았거나 약관의 주요내용을 설명하지 않은 경우, 계약자가 청약서에 자필서명하지 않은 경우 등 보험사 잘못이 있으면 가입한 날부터 3개월 내 계약을 취소할 수 있다.

휴직·퇴직으로 보험료를 내기 어려울 수 있다. 그럴 땐 청약철회 대신 '보험료납입유예' 제도를 생각해 볼 만하다. 보험료납입유예는 일정기간 보험료를 내지 않고 계약을 유지하는 제도다. 계약 유지에 필요한 위험보험료 및 사업비 등이 해지환급금에서 차감되는 방식이다. 너무 오래 유예하면 보험이 자동 해지될 수 있으니 보험사별 유예 기간을 확인하자.

실손보험이 무엇인지 궁금하다면

김고민 씨는 취직에 성공해 사회초년생으로 첫발을 내디뎠다. 첫 월급을 타고 부모님께 선물도 해 드렸다. 적금통장으로 목돈을 만드는 미래를 꿈꾼다. 지금까지 들어 보지 못한 실손보험에도 관심을 갖기 시작한 고민 씨를 위해 실손보험을 소개한다.

1. 실손보험이란 무엇일까?

실손보험은 의료비로 실제 부담한 금액을 모두 보장해 주는 건강보험이다. '실제' 의료비로 지출된 '손실'을 보장한다 해서 '실제손실의료보험'이라고 한다.

2. 실손보험은 건강보험이랑 다를까?

건강보험은 모든 국민이 가입해야 하는 강제성 있는 의료보험이다.

건강보험에는 재정 한계가 있어 보험가입자가 내야 하는 금액이 크고 보험을 적용할 수 없는 항목이 많다. 예를 들어 사랑니를 발치할 때 이를 뽑는 시술(급여)에는 건강보험이 적용되지만, 빨리 아물게 하는 연고(비급여)엔 건강보험이 적용되지 않는다. 실손보험에 가입하면 비급여에 해당되는 항목을 보상받을 수 있다.

3. 지금 건강한데 꼭 가입할 필요가 있을까?

대부분의 사회초년생은 젊고 건강해 병원에 갈 일이 많지 않을 것이다. 그래서 실손보험이 필요하지 않다고 생각할 수 있지만, 실손보험은 가입 요건이 타 보험 상품들보다 까다롭기 때문에 질병 이력이 있거나 나이가 많으면 보험료가 비싸진다.

이미 병에 걸린 상태에서 실손보험에 가입하면 '간편고지 실손보험'을 이용할 수밖에 없다. 그러면 건강할 때보다 실손보험료가 2배 이상 높아질 가능성이 높다. 젊고 건강한 사회초년생 시절에 실손보험에 가입하는 게 좋다.

4. 어떤 치료비를 보장받을 수 있을까?

실손보험으로 일상생활에서 흔하게 발생하는 치료에 대해 보장받을 수 있다. 감기로 인해 처방받는 약값을 비롯해 건강검진을 받을 때 필요한 내시경 검사, 엑스레이, MRI나 CT와 같은 고급 검사들도 보장된다. 수술치료가 필요하면 수술비에 입원비, 입원으로 발생하는 식비 등 사실상 의료행위 비용 대부분을 보상받을 수 있다.

5. 실손보험에 가입하려면 어떻게 해야 할까?

보험 상품은 보험설계사를 만나거나 온라인 가입할 수 있다. 주변에 보험설계사가 있으면 소개받아도 좋다. 인터넷을 통해 가입하려면 보험사 홈페이지 가입상담 버튼을 눌러 상담 및 가입을 진행하면 된다. 자세한 상품 설명은 카카오톡이나 문자메시지로도 받을 수 있다.

보험설계사와 상담을 진행했다고 보험 상품에 무조건 가입할 필요는 없다. 부담 없이 보장 금액이나 보장 내용 등을 확인하고 천천히 결정해도 된다.

6. 가입할 때 주의해야 할 사항이 있을까?

실손보험 상품은 '중복가입'이 안 된다. 실손보험이 2개 있어도 보험금은 동일한 금액만 받을 수 있다. 혹시 모를 중복가입을 피하려면 '보험다모아'의 '내보험 찾아줌'에서 자신이 어떤 보험 상품에 가입돼 있는지 확인할 필요가 있다.

특정 질병 치료를 받고 있으면, 해당 사항을 반드시 청약서 서식항목에 기재해야 한다. 이를 '고지의무'라고 한다. 해당 내역을 쓰지 않고 실손보험에 가입했다가 위반 사실이 드러나면 보험금을 받지 못할 수 있고 계약 해지를 당할 수도 있다. 따라서 가입 전 자신의 질병내역이 있는지 꼼꼼하게 확인해 보고 가입해야 한다.

회사에서 실손보험을 제공하는 경우도 있다. 잘못하면 중복가입으로 보험료를 2배로 낼 수 있으니 '보험 일시정지' 기능을 사용하자. 나중에 회사를 퇴직하면 다시 보험료를 납부하면서 개인 실손보험 혜택을 받을 수 있고, 재가입으로 보험료가 인상되는 걸 방지할 수도 있다.

실손보험 청구 시 준비할 게 궁금하다면

자동 적용되는 국민건강보험과 달리, 실손보험은 보험사에 직접 청구해야 한다. 보험금을 처음 청구할 때 실수 없이 실손보험 청구하는 방법을 소개한다.

1. 병원 가기 전 보험 청구가 가능한지 확인

병원에 가기 전 보험담당자에게 연락해 아픈 곳을 설명하고 실손보험 처리 여부를 확인하는 게 안전하다. 실손보험 처리를 받을 수 있는 상황에도 보험담당자와 미리 상의하지 않으면 보험금을 청구할 때 문제가 생길 수 있다. 보험담당자가 누군지 모르면 보험사 모바일 애플리케이션에서 확인할 수 있다. 혹시 모를 돌발 상황을 피하려면 보험담당자에게 되도록 구체적으로 질문하는 게 좋다.

제가 다리를 다쳐 상처가 찢어졌는데 봉합수술도 실손보험 처리가 되나요?

티눈 때문에 병원에 방문하려고 하는데 어떤 치료까지 보장해 주나요?

발이 아파 물리치료를 받으려는데 도수치료는 몇 번까지 이용할 수 있나요?

최근 머리가 아파 종합검사를 받으려는데 종합검사도 보장해 줍니까?

2. 처음 실손보험을 청구할 땐 '초진 기록지'

처음 실손보험을 청구하면 보험사에서 초진 기록지를 요구하는 경우가 많다. 진료받은 병원에서 진료비를 결제하면 초진 기록지를 챙겨준다. 이 외에 통원 치료인지, 입원 치료인지에 따라 챙겨야 하는 서류가 몇 가지 더 있다.

3. 통원 치료 시 필요한 서류는 무엇일까

치료를 마친 후 카운터에서 다음과 같이 요청하자. "영수증과 세부내역서(진료비 세부내역서)도 같이 주세요. 보험사에서 진단서를 요구하는데 세부내역서랑 같이 환자 보관용 처방전을 주시면 감사하겠습니다."

통원 치료를 받은 경우, 일반적으로 보험사에 2종의 서류를 제출한다. '진료비 영수증'과 약국에 제출하는 '약제비 영수증'이다. 치료비가 10만 원 미만이면 이 서류 두 장만 제출해도 대부분 보험료를 지급받을 수 있다. 치료비가 10만 원이 넘으면 '영수증 세부내역서'를 발급받아 두는 게 좋다.

간혹 보험사에서 세부내역서 이외에 '진단서'를 요구하는 전화가 오는 경우를 대비해 '환자 보관용 처방전'을 달라고 하자. 질병분류기호(질병코드)가 필요하기 때문이다. 병원에서 진단서를 받으면 1~3만 원을 더 내야 하지만 진단서 대신 무료로 발급이 가능한 처방전으로 대체할 수 있다.

4. 입원 치료 시 필요한 서류는 무엇일까

입원 치료도 마찬가지다. "진료비 영수증과 세부내역서, 입퇴원 확인서에 수술한 내역을 같이 기재해서 발급해 주실 수 있나요?"라고 요청하자.

입원 치료를 받은 경우, 통원 치료에 필요한 서류에 '입퇴원 확인서'가 추가로 필요하다. 수술을 받았으면 '수술확인서'가 필요하다. 입퇴원 확인서에 진단명(질병코드)과 입퇴원 일자가 포함돼 있는지 확인해야 청구서류 요건이 충족된다.

다만 입퇴원 확인서와 수술확인서를 받으려면 진단서처럼 만 원 정도를 내야 한다. 입퇴원 확인서에 수술 여부 및 입원 치료 내역이 기재돼 있으면 수술확인서를 받지 않아도 괜찮다.

5. 서류를 다 챙겼다면 이제 뭘 할까

준비는 끝났다. 이제 실손보험을 청구하면 된다. 전체 치료 금액이 100만 원 이하면 보험사 애플리케이션을 통해 청구하거나, 실손 청구대행으로 간단하게 처리할 수 있다. 다만 100만 원을 넘으면 모바일 청구가 불가능한 경우가 있으니 보험설계사한테 문의하자. 모바일 청구가 안 되면 우편, 팩스, 방문접수 중 하나를 선택해야 한다. 팩스로 접수할 때는 보험금청구서와 개인정보동의서를 추가로 보내야 한다.

6. 보험사에서 전화가 왔는데 뭘 잘못한 걸까

당황하지 말자. 잘못이 없어도 전화가 올 수 있다. 보험에 가입한 지 얼마 안 됐을 때 보험금을 청구하거나, 금액이 큰 보험금을 청구할 경우 3일 내로 보험사에서 연락이 올 수 있다.

보험사에서는 '의료자문 동의서', '건강보험처리 내역', '국세청 자료', '진료기록 열람·위임장' 등의 제공 동의를 요구할 것이다.

7. 보험사에서 요청하는 건 다 해 주면 되나

동의하지 않아도 된다. 제공에 동의해도 되는 서류와 그렇지 않은 서류를 알아보자.

'진료기록 열람 및 사본 발급 위임장'과 그에 대한 동의서는 제공해도 된다. 다만 작성할 때 공란으로 비워 두면 안 된다. 반드시 의료기관, 발급대상, 진료기간, 발급 서류명을 기재해야 한다.

'건강보험공단 내역', '국세청 자료'는 제공하지 않아도 된다. 특히 건강보험공단 내역은 건강보험공단 업무지침에도 지급하지 말라고 명시돼 있다. 환자의 개인정보이기 때문이다.

'의료자문 동의서'는 신중해야 한다. 최근 보험사들이 의료자문 동의를 하지 않을 경우, 보험금 지급하지 않는 경우가 많기 때문이다. 손해사정사나 타 보험사 설계사에게 상담한 다음 결정하는 게 좋다.

조심스럽게 투자를 시작하려면

김고민 씨는 매달 들어오는 월급으로 통장이 금방 찰 거라 기대했다. 하지만 맛있는 걸 마음껏 사 먹고 틈만 나면 여행을 즐기다 보니 통장 잔고가 점점 야위어 갔다. 더 이상은 안 되겠다고 느낀 고민 씨는 투자를 고민하게 됐다. 자기에게 맞는 투자 방법이 무엇인지 고민하는 고민 씨를 위해 다양한 투자 방법을 소개한다.

1. 위험 따윈 안 무서워: 치킨 1마리를 5마리로 불리는 공격 투자를 꿈꾼다면

돈 없다고 주식 못 사는 시대는 갔다. '소수점 주식거래'를 이용하면 주식 1주를 소수점 단위로 나눠서 구매할 수 있다. 수중에 치킨 값밖에 없다고 좌절하지 말자. 2만 원으로 치킨을 주문하는 대신 1주에 155달러(약 21만 원)인 애플 주식 0.1주를 주문할 수 있다(이하 2022년 9월 기준). 거래 수수료는 0.25%로 일반 주식거래에 비해 높은 편이다. 해외주식 소수점 주식은 실시간으로 거래할 수 없다. 매매 주문을 넣으면 일정 시간 후 체결되는 방식이다. 소액이어도 주식은 가격 변동성이 크다는 걸 기억하자. 잘못하면 90% 이상 손실을 볼 수 있다.

소수점 주식 거래는 아직까지 해외주식 대상으로만 가능하다. 2022년 9월부터 24개 증권사에서 국내 주식 소수 단위 거래를 시작할 계획이었으나 늦어지고 있다. 정부가 세법 해석을 마치면 도입할 가능성이 크다.

해외 주식 소수점 주식거래 서비스를 제공하는 국내 증권사는 한국투자증권, KB증권, NH투자증권, 삼성증권, 신한금융투자, 카카오페이증권, 키움증권, 토스증권, 한화투자증권 등이 있다.

2. 작고 소중한 내 돈 못 잃어: 비교적 안전한 소액 투자를 찾는다면

적은 돈도 반 토막 나면 마음 아프다. 비교적 안전한 소액투자 방법을 살펴보자.

ETF는 특정 주가지수의 상승·하락에 따라 수익이 결정되는 상품이다. 코스피 지수, 미국 나스닥 지수, 대형 우량주, 금 등 다양한 자산에 자동으로 분산 투자하는 효과가 있다.

예를 들어 코스피200은 코스피 회사 중 거래량과 총주식 가격이 높은 200종목의 주가변동을 반영한 주가지수다. 코스피200 ETF에 투자하면 코스피200종목에 분산 투자하는 것과 마찬가지인 셈이다. 펀드에 비해 운용 보수와 수수료가 저렴하다.

증권사 거래 시스템(모바일 MTS, 데스크탑 HTS)이 있으면 주식계좌에서 일반 주식처럼 실시간 매매가 가능하다. 금융투자협회 전자공시 서비스 '펀드 다모아' 메뉴를 참고하면 인기 펀드, 수익률 정보 등을 한눈에 볼 수 있다. 최소 투자금액이 모두 다르다. 코스피·코스닥 관련 ETF는 천 원대다.

ETF 투자 시 주의할 점!

ETF는 투자금 분산 효과가 있어 주식 단일종목 투자에 비해 상대적으로 안전하다. 그렇다고 원금을 보장해 주진 않는다는 점을 잊지 말자.

---

3. 주가 2배 상승 노려 볼까: 공모주 투자에 끌린다면

기업공개(IPO)를 진행하는 회사의 공모주 청약에 참여하는 방법이 있다. 기업공개란 기업이 증권시장에 들어서기 전, 회사 가치에 대한 시장 평가에 따라 주가를 정하고 미리 주주를 모으는 과정을 말한다. 성장성이 좋은 기업의 공모주 청약에 참여할 경우 주가가 급등하기 전 기본 가격으로 산정된 주가에 투자해 차익을 낼 수 있다.

일반 투자자 대상 공모 청약일은 미리 공시된다. 날짜를 기억해 기업 상장에 관여하는 각 증권사 거래시스템을 통해 참여한다. 청약은 2일간 진행된다. 먼저 청약 참여를 원하는 회사의 1주당 공모가격을 확인하고 증거금(일종의 보증금)을 준비한다. 최소 청약 수량은 10주, 증거금은 10주 가격의 50%를 준비하면 된다.

내가 받을 주식 수량은 청약 마감 다음 날 결정된다. 주식 수량이 기존에 납부한 증거금보다 많으면 추가 납부해야 하고 그보다 적으면 환불받는다. 소액 투자자는 보통 4~5주 이하를 배정받으니 추가로 돈을 낼 가능성은 적다.

청약 투자 시 유의할 점

인기 많은 종목의 청약에 참여할 경우, 둘째 날 마감 전까지 중간 집계 경쟁률을 꼼꼼히 따져 보자. 경쟁률이 낮은 증권사에 투자하는 게 1주라도 더 확보하는 비결이다. 기관의 의무보유 확약 비율이 높은 기업을 눈여겨보자. 의무보유 확약이란 미리 지정한 기간 동안에는 주식을 팔지 않겠다는 약속이다. 일정 기간 이상 보유하겠다고 약속하면서까지 참여하는 투자자가 많다는 건 그만큼 투자 가치가 매력적인 회사라고 해석할 수 있다.

공모 주식의 유통물량을 눈여겨보자. A회사의 전체 주식이 1,000주라고 가정해 보자. 유통물량이 100주 안팎(10%) 수준으로 적으면 주가가 크게 오를 가능성이 높다. 팔려고 내놓는 수량 부담이 덜하기 때문이다.

공모가 관련 주의할 점

모든 공모주가 공모가 이상으로 주가가 오르는 건 아니다. 시장의 관심을 받을 만한 사업성이 없는 기업은 상장 이후 공모가보다 낮아질 수 있다. 회사의 업종과 사업 방향성, 실적 등을 꼼꼼히 따져 보자.

추가로 알아 두면 좋은 점

투자중개형 개인종합자산관리계좌(중개형 ISA)를 활용해 보자. 중개형 ISA를 이용하면 매년 수익 200만 원까지 비과세 혜택이 있어 소액투자자에게 적합하다. 증권사별 계좌 개설 애플리케이션을 통해 간편한 비대면 개설도 가능하다. 다만, 극히 단기적인 자금 운용을 원할 경우 ISA는 되도록 피하자. ISA엔 3년 의무보유 기한과 자금 인출 제한이 존재한다는 걸 유념하자.

최소한의 주식 투자 상식을 공부하려면

주식 투자를 시작한 김고민 씨는 난처한 상황에 빠졌다. 투자한 종목이 파랗게 질려 숨도 못 쉬고 있지만 투자금을 왜 잃었는지, 왜 수익률이 낮아지는지 이유조차 모르겠다. 주식은 양날의 검이다. 잘 알고 투자하면 이로운 재테크가 가능하지만, 잘 모르고 투자하면 작고 소중한 내 돈을 한순간에 잃을 위험이 크다. 주식 투자에 대해 더 알고 싶은 고민 씨를 위해 주식 투자할 때 반드시 알아야 하는 내용을 상식 테스트 형식으로 소개한다.

주식 상식 테스트 (100점 만점)

1. 주식 매수 당일, 증권사 고객센터에 전화해서 매수를 취소하겠다고 하면 투자금을 환불받을 수 있다. (O, X) [2점]
2. 주식거래에서 손실만 발생하면 세금이 부과되지 않는다. (O, X) [2점]

3. 증권사에서 돈을 빌려 미수거래를 하고 3일 동안 매수대금을 결제하지 않았다. 이 경우 미수거래 4일째에 증권사가 해당 주식을 강제로 매도한다. (O, X) [2점]

4. 증권사에서 빌린 주식 매수대금의 이자율은 한국은행이 정한 기준금리와 연동된다. (O, X) [2점]

5. PER이 낮은 기업은 저평가 우량주이므로 매수하면 좋다. (O, X) [6점]

6. 삼성전자가 동종업종 대비 PER이 낮은지, 높은지 정확하게 알려면 SK하이닉스 등이 포함된 반도체 업종의 PER과 비교하면 된다. (O, X) [8점]

7. ETF는 상장폐지의 위험이 일반 주식에 비해 낮은 편이다. (O, X) [4점]

8. 증권사 신용거래융자를 이용한 투자는 일반적인 주식 투자와 같은 수준의 위험성을 가진다. (O, X) [4점]

9. 상한가와 하한가 제도는 가격변동이 지나치게 커지는 걸 막아 주기 때문에 해외거래소들도 보편적으로 도입하는 제도다. (O, X) [6점]

10. 미국 주식을 매도하고 받은 달러 대금은 원화가 약세일 때 환전하는 것이 좋다. (O, X) [6점]

11. 액면분할은 기업의 가치를 높이기 때문에 주가상승 호재로 판단한다. (O, X) [6점]

12. 비상장주식은 상장주식에 비해 위험하기 때문에 전문 투자자만 거래할 수 있다. (O, X) [4점]

13. 주식 관련 선물 및 옵션 거래에서는 투자 원금 이상의 손실을 볼 수 있다. (O, X) [6점]

14. 자기자본이익률(ROE) 향상은 주가 상승에 직결된다. (O, X) [8점]

15. 주가는 일회성 수익이나 비용을 포함하는 순이익의 변화보다는 영업수익성을 나타내는 영업이익 변화에 더 민감하다. (O, X) [8점]

16. 신생아도 주식계좌를 보유할 수 있다. (O, X) [4점]

17. 주가가 오르면 배당수익률이 낮아진다. (O, X) [6점]

18. 경기 방어주는 안전한 주식이기 때문에 주가가 상승할 가능성이 상대적으로 높다. (O, X) [6점]

19. 주식은 직접투자만 가능하다. (O, X) [6점]

20. 기업의 재무상태표는 회사 기밀이기 때문에 일반 투자자에게 공개되지 않는다. (O, X) [4점]

정답 및 해설

1. X → 주식은 환불할 수 없다.

2. X → 주식을 매도할 때는 손익에 관계없이 '증권거래세'가 부과된다.

3. O → 고객이 매수대금을 결제하지 못해서 증권사가 강제로 주식을 매도하는 걸 반대매매라고 한다.

4. X → 신용거래융자 이자율은 각 증권사가 자체적으로 산정한다. 한 달 이상 빌리면 10% 안팎의 높은 이자율을 부담할 수 있다.

5. X → PER이 낮다고 모두 저평가 우량주는 아니다. 기업의 성장성이 낮은 경우에도 PER이 낮게 나타나는 경우가 있다. PER은 판단의 주 지표가 아니니, 다른 지표와 함께 종합적으로 고려해야 한다.

6. X → 한 기업의 PER 수준을 동종업종과 비교하려면, 해당 기업에 대해 정확하게 파악해야 한다. 삼성전자는 반도체 대장주로 불리지만 SK하이닉스처럼 반도체를 주력으로 하는 회사가 아니다. 반도체 업종의 PER와 비교하는 건 정확하지 않을 수 있다.

7. O → ETF는 개별종목에 대한 투자가 아니라 여러 개의 종목을 지수화해 포트폴리오 방식으로 거래하는 상품이므로 상장폐지의 위험성이 상대적으로 낮다.

8. X → 신용거래융자를 사용하면 수익을 배로 올릴 수 있지만, 손실도 배가 될 수 있는 위험한 투자 방식이다.

9. X → 해외에선 상하한가 제도가 없는 경우가 더 많다. 국내 개미들이 많이 몰려가는 미국 증시는 상하한가와 같은 가격제한폭 제도가 없다.

10. O → 원·달러 환율이 하락(원화 강세)한 경우에 달러를 한화로 환전하면 환차손 때문에 손실을 볼 수 있다. 달러로 보유한 투자금을 원화로 환전하는 경우, 원화 약세 시기에 환전하는 것이 이익을 극대화하는 방법이다.

11. X → 액면분할은 기업가치 증가와 상관없다.

12. X → 비상장주식은 일반 투자자도 거래할 수 있다.

13. O → 자신의 자금으로 투자할 경우, 주식에선 투자한 원금 내에서 손실이 난다. 그러나 선물이나 옵션거래에선 투자 원금 이상의 손실을 볼 수 있다.

14. X → 자기자본이익률(ROE)은 기업이 수익을 잘 내고 있는지 판단하는 지표다. ROE가 높아지면 보통 수익을 잘 내고 있다고 볼 수 있다. 다만 자본을 줄이고 부채를 증가시키는 경우에도 ROE가 높아질 수 있다. ROE가 높아

졌다는 소식이 들려도 해당 기업의 재무 상태를 자세히 봐야 하는 이유다.

15. O → 주가는 순이익보다 영업이익 변화에 더 민감하다. 예를 들어 회사가 가진 비업무용 부동산을 매각해서 수익이 났다고 가정해 보자. 이 수익은 영업이익에 포함되지 않지만 순이익엔 포함된다. 다만 이건 일회성이다. 해당 기업이 영업활동을 꾸준히 잘하고 있는지를 더 중요하게 보자.

16. O → 부모가 자녀 명의로 주식계좌를 개설할 수 있다. 주식 투자엔 나이 제한이 없다.

17. O → 주가가 높으면 배당 수익률이 낮아지고, 주가가 낮으면 배당 수익률이 높아진다.

18. X → 안전한 주식이 주가가 잘 오르는 건 아니다. 경기 방어주란 경기가 불황일 때나 좋을 때나 꾸준하게 매출을 내는 종목을 의미한다.

19. X → 주식형 펀드 등을 통해 여러 종목에 간접적으로 분산투자 하는 게 가능하다.

20. X → 금융감독원 전자공시시스템, 주식거래시스템(HTS, MTS), 증권정보 포털 등 다양한 경로를 통해 기업의 사업보고서를 확인할 수 있다.

점수별 등급

1등급(91~100점): 전략 좀 짜는 여왕개미, 집행검을 획득했다

주식시장 여왕개미가 될 자질이 보인다. 주식거래 기본지식부터 종목분석 등 난이도 있는 문제까지 대체로 무난하게 넘어섰다. 물론 주식에 대해 잘 안다고 수익이 높아지는 건 아니다.

2등급(71~90점): 스마트한 전투개미, 이길 수 있는 싸움에만 집중하라

주식시장에서 살아남는 전투개미 모습이 그려진다. 주식 투자 기본기가 탄탄해 보인다. 아직 전문적인 주식 투자 지식은 부족하지만, 주식거래에 필요한 기본 상식은 두루 갖춘 편이다. 고위험 투자는 주식 투자에 대해 더 공부한 다음 시작하길 권한다.

3등급(51~70점): 자신감만 가득한 일개미, 이러다 일낸다

깊은 내용은 몰라도, 뭔가 알긴 아는 일개미다. 4등급보다 점수가 높지만 가장 위험한 등급이다. 스스로 좀 안다고 믿는 게 문제다. 지금보다 기대 수익률을 낮추고 겸허한 자세로 주식시장에 대해 더 공부하자.

4등급(31~50점): 귀가 얇은 흑우(호구) 개미님아, 그 매수 버튼을 누르지 마오

자칫하면 개미집(계좌)이 털릴 위기에 놓인 흑우 개미다. 주식 투자에 대해 조금은 알고 있다. 그러나 잘 모르면서 높은 수익률을 내는 종목에 귀가 팔랑거리진 않는지 점검해 봐야 한다. 수익을 내고 싶지만 공부는 싫을 수 있다. 상대적으로 안전한 펀드 투자부터 시작해 차근차근 공부하는 걸 추천한다.

무급 (30점 이하): 부화 중인 개미, 그건 투자가 아니야

아직 주식 투자할 준비가 부족하다. 굳이 분류하면 부화 중인 개미다. 혹시 누군가가 '이거 사면 오른다'고 한 말에 무조건 매수 버튼을 누르진 않는가. 처음엔 초심자의 행운이 따를지 모르지만 계속 뒷걸음질 치면서 쥐를 잡을 순 없다. 투기가 아닌 투자를 하려면 지금이라도 주식 투자 공부를 시작해 보는 건 어떨까.

"이번 생은 이미 망한 것 같은데요."

_이 책은 어떻게 완성됐나

가수의 운명은 그가 부른 노래 제목을 따라간다고 했던가. 기사 제목을 「이생안망(이번 생은 아직 안 망했다)」으로 정한 기자들 운명도 제목을 따라가는 것만 같았다. 함께하는 동료 기자들도 '망했다'는 말을 유행어처럼 자주 썼다. 수습해 보려고 '안 망했다'고 받아쳐 봤지만 어색한 침묵만 흐를 뿐이었다.

우린 어쩌다 '이생안망' 지옥에 빠졌을까. 그 이유를 생각하는 대신, 독자에게는 망하는 경험을 하지 않게 하려 했던 처음의 마음으로 돌아갔다. 바위를 산 위에 올리는 시지프스처럼 반복해서 이유를 생각했고, 생각을 멈추고 다시 바위를 올렸다. 피할 수 없는 현실은 우리의 등을 떠밀었고, 책에 담긴 내용은 점점 현실감을 더해갔다.

마감의 힘으로 만든 책이다. 고민에 고민을 거듭했고, 신중에 신중을 기했다. 사방에서 밀고 들어오는 압박 속에 스트레스가 피어올랐다. 세상은 마냥 허허 웃으며 시간 여유를 주고 아낌없이 지원하는 호락호락한 곳이 아니었다. 아무튼 책을 시작한 이상 끝을 봐야 했다. 고통에서 벗어나기 위해 마감을 지켰고 정신줄을 부여잡았다.

세상에 도움이 되는 유용한 콘텐츠를 만드는 건 아름다운 일이지만, 막상 현실에서 이 아름다운 일을 하는 건 다른 문제다. 남의 일에 감 놔라 배 놔라 하는 과일 장수와 본능적으로 진행을 방해하는 타고난 철벽 수비수, 시작도 하지 않았는데 불길한 미래를 내다보는 예언자가 동시다발적으로 나타났다.

아마도 이 책을 위한 조언이었고 응원이었을 것이다. 어려움은 콘텐츠를 견고하게 만드는 자양분이 됐다. 자양분을 야금야금 흡수하며 더 잘해야겠다고 다짐했다. 어쩌면 지금까지 겪은 어려움은 빌런을 자처해 더 좋은 책을 완성하도록 도움을 주고자 한 이들의 큰 그림이었을지도 모르겠다.

어찌어찌 망할 위기를 넘기고 넘긴 경험 끝에 이렇게 단단한 책 한 권이 기다리고 있을 줄 몰랐다. 혼자 할 수 있는 일이 아니다. 기회를 주고 적극 지원해주신 김지방 쿠키뉴스 대표님과 쿠키뉴스 취재본부 팀장님들에게 감사를 전한다. 누구보다 꼭 필요한 존재였던 한성주 기사가 처음부터 끝까지 함께해줘서 고맙고 덕분에 많은 걸 배웠다. 운영진에 참여해 준 이소연, 한전진, 노상우, 이은호, 조현지, 신민경, 지영의 기자의 노고에 감사하다. 고생길에 선뜻 함께해 준 쿠키뉴스 2030 기자들이 있어 이 책을 시작할 수 있었다고, 고맙다고 말하고 싶다.

좋은 기회를 만들어 준 최주현 팀장님, 천세일 팀장님, 함께 머리를 맞대고 좋은 디자인을 고민한 이희정, 이해영 디자이너님에게도 감사를 전한다. 마지막으로 무에서 유를 창조하기 위해 채찍과 당근을 아끼지 않은 넥서스 출판사 고나희 팀장님에게 감사하다.

망조는 망하기 직전 엄습한다. 엄밀히 따지면 아직 망하지 않았으니 최후의 기회가 남은 셈이다. 망하기 전에 (망할 게 뻔히 보이더라도) 정신을 붙잡고 부지런히 가용자원을 동원하는 게 중요하다. 그러면 적어도 망하지 않을 수 있다. 무엇보다 잔꾀를 부려서라도 평정심을 유지해야 한다. 남들도 다 비슷한 문제를 겪는다는 성급한 일반화가 도움 된다.

안 되면 되는 것만 하자는 얍삽한 마인드도 좋은 전략이다. 이 책의 저자들이 그랬듯, 독자도 잔꾀와 평정심, 얍삽함으로 위기를 날치기 통과하길 진심으로 응원한다.

이준범

대표 저자. 2015년 쿠키뉴스에 입사해 현재 대중문화팀 팀장으로 일하고 있다. 영화를 취재해 기사를 쓴다.

강한결

2020년 쿠키뉴스에 입사해 게임&스포츠팀에서 일하고 있다. 게임과 e스포츠를 취재해 기사를 쓴다. '게임은 문화'라는 인식이 자리 잡길 바라는 게이머 중 한 명이다.

김동운

2020년 쿠키뉴스에 입사해 경제팀에서 일하고 있다. 은행과 보험, 카드 등 금융 전반을 취재해 기사를 쓴다. 서민금융과 불법사금융을 깊이 취재하고 있다.

김예슬

2015년부터 방송, 가요, 영화 등 대중문화 전반을 취재해 기사를 쓰고 있다. K팝과 좀비, 로코에 심장이 뛴다.

김은빈

2022년 쿠키뉴스에 입사해 정치팀에서 일했다. 현재 건강생활팀에서 보건복지부를 출입하며 의료정책을 취재해 기사를 쓴다.

김희란

2020년 쿠키뉴스 사회팀과 정치팀에서 인턴 기자로 일하며, 교육 등 사회 전반을 취재해 기사를 썼다. 현재 프랑스 파리 한 국제기구에서 일하고 있다.

노상우

2016년 쿠키뉴스에 입사해 건강생활팀에서 일했다. 코로나19, 의사 파업 등 보건의료를 취재해 기사를 썼다.

문대찬

2017년 쿠키뉴스에 입사해 현재 게임&스포츠팀 팀장으로 일하고 있다. 덕업일치(덕業一致)에 만족하며 게임과 e스포츠를 취재해 기사를 쓴다.

손희정

2021년 쿠키뉴스에 입사해 경제팀에서 일하고 있다. 증권과 가상화폐를 취재해 기사를 쓴다. 주식, 코인은 언제 오르냐는 질문에 시달린다.

신민경

2021년 쿠키뉴스 정치팀에서 인턴 기자로 일했다. 국회에서 취재한 경험을 지금도 자랑한다.

안세진

2018년부터 쿠키뉴스에서 건설, 부동산을 취재했고 현재 유통업계 기사를 쓰고 있다. 집값에 물가까지, 가는 곳마다 올라서 큰일이다.

이소연

2016년 쿠키뉴스에 입사해 현재 특별취재팀에서 일하고 있다. 노동과 여성, 불평등 등 사회 전반을 취재해 기사를 쓴다.

이은호

2015년부터 대중문화 전반을 취재해 기사를 쓰고 있다. 음악과 이야기를 좋아한다.

인세현

2016년 쿠키뉴스에 입사해 대중문화팀에서 일했다. 가요와 드라마를 비롯한 대중문화 전반을 취재해 기사를 썼다.

정유진

2020년 6개월 간 쿠키뉴스 정치팀과 사회팀에서 인턴 기자로 일했다. 주로 정당과 교육을 취재해 기사를 썼다.

정윤영

2021년 6개월 간 쿠키뉴스 특별취재팀에서 인턴 기자로 일했다. 기자가 직접 체험하는 기사, [아무도안해서합니다]를 자주 썼다.

정진용

2015년 쿠키뉴스에 입사해 특별취재팀에서 일했다. 현재 건강생활팀에서 감염병과 의료계 문제를 취재해 기사를 쓴다.

조계원

2013년부터 금융을 취재해 기사를 쓴다. 2017년 쿠키뉴스에 입사해 경제팀에서 일하고 있다.

조현지

2020년 쿠키뉴스에 입사해 정치팀에서 일했다. 현재 경제팀에서 부동산 시장 전반을 취재해 기사를 쓴다. 얕고 넓은 지식을 지향한다.

지영의

2018년 쿠키뉴스에 입사해 기획취재팀을 거쳐 경제팀에서 증권을 취재해 기사를 썼다. 371회 한국기자협회 〈이달의 기자상〉을 수상했고, 2022년부터 이데일리에서 자본시장을 취재하고 있다.

최은희

2022년 쿠키뉴스에 입사해 국회에 출입하며 정치 기사를 썼다. 현재 특별취재팀에서 감춰진 사실을 발굴하는 탐사 보도 기사를 쓴다.

한성주

2019년 쿠키뉴스에 입사해 건강생활팀에서 일하고 있다. 보건복지부를 출입하며 제약바이오를 취재해 기사를 쓴다. 인터넷에 떠도는 전 세계 모든 밈(meme)을 알고 있다.

참고문헌

취재 도움 및 참고자료

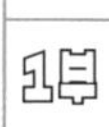

이상한 근로계약서에 올바르게 대처하려면

취재 도움_신정웅 알바노조 위원장, 유재원 법률사무소 메이데이 변호사

A급 신입사원처럼 이메일 잘 쓰려면

취재 도움_쿠키미디어 이기선 과장.

참고 자료_《눈치껏 못 배웁니다, 일센스》(공여사들 저, 21세기북스).

회사에서 알기 어려운 연차 휴가를 쓰려면

취재 도움_한국노총 부천상담소 '노동OK', 청년유니온 노동상담소.

대대손손 회사 족보로 남을 고퀄 시말서 작성하려면

취재 도움_최혜인 직장갑질119 노무사, 권태용 영해 노동인권 연구소 대표.

서류 통과 확률 높이는 경력기술서 쓰려면

취재 도움_사람인 임민욱 팀장, 선현정 헤드헌터.

참고 자료_《연봉이 쑥쑥 오르는 이직의 기술》(김영종 저, 상상출판), 《기본 이직의 정석》(정구철 저, 스노우폭스북스).

다시 봐도 부끄럽지 않은 영상 자기소개서 찍으려면

취재 도움_원미연 쿠키건강TV 아나운서, 영상 자기소개서를 제출해 합격한 박현정 님.

똑똑하고 깔끔하게 실업급여 받으려면

취재 도움_고용노동부, 김광훈 노무사.

퇴사 후의 귀농 생활을 결심했다면

취재 도움_농림축산식품부, 귀농귀촌지원센터, 청년농부 김다정 · 박준호 · 우진우 · 이지연 님.

퇴근한 나를 기다린 집벌레와 눈이 마주쳤으면

취재 도움_위생해충 방제연구소 양영철 을지대 보건안전환경학과 교수.

홈카페를 즐기고 싶다면

취재 도움_유연주 바리스타(쿼츠커피컴퍼니 대표)

반려식물을 반복해서 죽이고 싶지 않다면

취재 도움_손관화 연암대학교 스마트 원예계열 가드닝 교수.

참고 자료_《산타벨라처럼 쉽게 화초 키우기》(산타벨라 저 · 중앙북스), 《나도 초록 식물 잘 키우면 소원이 없겠네》(허성하 저 · 한빛라이프).

고민과 배려로 반려동물을 입양하려면

취재 도움_경기도청 반려동물과, 조은희 동물자유연대 KAWA 홍보팀장, 동물권행동 카라 입양팀, KB금융지주 경영연구소 〈2021 한국반려동물보고서〉.

잠 못 드는 일요일 밤, 꿈나라로 가려면

취재 도움_이대서울병원 신경과 김지현 교수, 삼성서울병원 신경과 주은연 교수, 인하대병원 이비인후과 김영효 교수.

친구가 SNS에 업로드한 내 사진 삭제하려면

취재 도움_네이버, 다음, 김호진 산타크루즈컴퍼니 대표.

원치 않는 임신을 끝내려면

취재 도움_한국여성민우회, 박호균 법률사무소 히포크라테스 대표.

전세계약사기 당하지 않으려면

취재 도움_김주영 수원시청 부동산전문상담위원, 엄정숙 법도 종합법률사무소 부동산전문변호사.

중고거래사기 당한 돈 돌려받으려면

취재 도움_경찰청 사이버범죄수사과, 백선경 법무법인 중우 변호사, 전자문서 · 전자거래분쟁조정위원회 사무국.

자취방이 털렸다면

취재 도움_서울경찰청 생활안전과 · 여성청소년과, 노성원 한양대병원 정신건강의학과 교수.

성폭력 신고가 고민된다면

취재 도움_한국성폭력상담소, 한국사이버성폭력대응센터, 서울 해바라기센터, 한국성폭력위기센터, 한국여성인권진흥원.

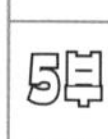

조심스럽게 투자를 시작하려면

취재 도움_황세운 자본시장연구원 선임연구위원, 나승두 SK증권 애널리스트, 김성환 사모펀드 운용역.

최소한의 주식 투자 상식 공부하려면

취재 도움_황세운 자본시장연구원 선임연구위원.